LA MISSION

DE

M. LE CHEVALIER D'ENTRECASTEAUX

A CANTON EN 1787

D'APRÈS LES ARCHIVES

DU MINISTÈRE DES AFFAIRES ÉTRANGÈRES

PAR

M. HENRI CORDIER

MEMBRE DE L'INSTITUT

———o———

Extrait du Bulletin de géographie historique et descriptive 

PARIS

IMPRIMERIE NATIONALE

—

MDCCCXI

LA MISSION

DE

M. LE CHEVALIER D'ENTRECASTEAUX

À CANTON EN 1787

D'APRÈS LES ARCHIVES

DU MINISTÈRE DES AFFAIRES ÉTRANGÈRES

LA MISSION

DE

M. LE CHEVALIER D'ENTRECASTEAUX

À CANTON EN 1787

D'APRÈS LES ARCHIVES

DU MINISTÈRE DES AFFAIRES ÉTRANGÈRES

PAR

M. HENRI CORDIER

MEMBRE DE L'INSTITUT

Extrait du *Bulletin de géographie historique et descriptive*, N° 3. — 1911.

PARIS

IMPRIMERIE NATIONALE

MDCCCCXI

LA MISSION

DE

M. LE CHEVALIER D'ENTRECASTEAUX

A CANTON EN 1787

D'APRÈS LES ARCHIVES

DU MINISTÈRE DES AFFAIRES ÉTRANGÈRES

PAR

M. HENRI CORDIER

MEMBRE DE L'INSTITUT

Extrait de la Revue de géographie historique et descriptive, N° 8. — 1911.

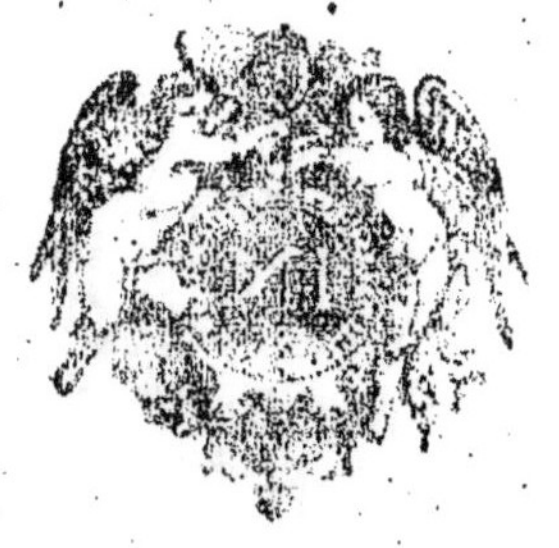

PARIS

IMPRIMERIE NATIONALE

MDCCCCXI

LA MISSION

DE

M. LE CHEVALIER D'ENTRECASTEAUX

À CANTON, EN 1787,

D'APRÈS LES ARCHIVES

DU MINISTÈRE DES AFFAIRES ÉTRANGÈRES.

Escortée de la *Subtile*, commandée par le vicomte DE LA CROIX DE CASTRIES [2], la *Résolution*, battant pavillon du chevalier D'ENTRECASTEAUX [3], jeta l'ancre devant Macao, le mercredi 7 février 1787, après soixante-huit jours de traversée depuis Batavia [1]. M. DE LA PÉROUSE était parti de Macao le 5 février pour se rendre à Manille, sans se douter que, deux jours plus tard, son collègue, chargé d'une mission du Roi, mouillerait dans les mêmes eaux que lui. Ce ne fut qu'en avril, à Manille, que M. de La Pérouse apprit avec étonnement l'arrivée de M. d'Entrecasteaux à Canton et qu'il reçut une

[1] Communiqué au 49ᵉ Congrès des Sociétés savantes à Caen, le mercredi 19 avril 1911.

[2] Neveu du ministre de la Marine.

[3] *Antoine-Raymond-Joseph* DE BRUNI, chevalier D'ENTRECASTEAUX, né au château d'Entrecasteaux, entre Barjols et Brignoles, non loin d'Aix-en-Provence, en novembre 1737; mort en mer le 20 juillet 1793. — Cf. *D'Entrecasteaux*, 1737-1793, par le baron HULOT. Paris, Société de géographie, 1894, in-8°.

[4] D'Entrecasteaux, par suite de retard dans les instructions, n'avait pu partir qu'au mois d'octobre 1786 de Pondichéry avec la mousson contraire. «Il a d'abord relâché à Batavia, ensuite il a passé par l'Est de l'Isle de Bornéo et, en faisant le tour des Isles Carolines et Philippines, il est parvenu à Canton. On est informé qu'il étoit de retour à Pondichéry au commencement du mois de Juin d'où il aura pu se rendre au mois d'Aoust à l'Isle de France, s'il a été informé à tems de sa nomination au Gouvernement de cette colonie.»

lettre de lui l'informant des motifs de son voyage. Peu de temps après, M. de la Croix de Castries, à bord de la *Subtile*, apportait des dépêches au grand navigateur.

Deux ans auparavant, d'Entrecasteaux avait reçu du Roi le commandement des forces navales en station dans les Indes orientales et l'instruction particulière sur le service qu'il avait à remplir [1] :

«Le S. Chᵉʳ. d'ENTRECASTEAUX mettra à la voile du Port de Brest, pour se rendre à l'Isle de France. En passant au cap de Bonne-Espérance, il y mouillera le tems nécessaire : 1° pour juger de l'état et de la force des troupes qui en ont la garde. 2° Pour examiner si l'on fait travailler aux fortifications, et si l'on y a des munitions et approvisionnements suffisants pour une bonne défense.

Le Sʳ. Chᵉʳ. d'Entrecasteaux est prévenu que les deux Cours de Versailles et de Londres sont convenües que leurs stations respectives dans les mers d'Asie ne seront composées que de frégates ou autres Batiments inférieurs. En conséquence, il surveillera l'arrivée des vaisseaux anglois qui viendront d'Europe, pour connoitre si leur station se renforce par des batimens plus considérables, ou si elle reste telle qu'il a été convenu : Et dans le cas où il arriveroit des vaisseaux de guerre, il s'informeroit des commandants anglois des motifs qui ont déterminé à s'écarter de la convention qui a été faite entre les deux cours, et il en rendra compte au Secrétaire d'Etat ayant le département de la Marine. Il sera nécessaire d'apprécier en même tems la force que les vaisseaux de la Compagnie des Indes angloises peuvent acquérir, si de demi armés qu'ils sont pendant la paix on voulait les porter à l'état de guerre, et augmenter par ce moïen les forces angloises dans les mers d'Asie, au cômencement des hostilités.

Les circonstances ne permettant pas encore aux deux nations françoise et hollandoise, d'arrêter un plan pour leur sureté dans les mers des Indes, le Sʳ. Chᵉʳ. d'Entrecasteaux cherchera provisoirement à se lier avec le commandant de l'escadre hollandoise, afin qu'en attendant des ordres pour combiner ses mouvements avec le vaisseau françois, ils puissent se concerter sur les meilleurs moïens à emploïer, pour assurer les établissements respectifs des deux nations, lorsqu'ils en recevront l'ordre.

A son arrivée à l'Isle de France, le S. Chᵉʳ. d'Entrecasteaux se fera rendre compte des dispositions qui auront été faites par le S. DE ROSILY [2], relativement à la mission dont il a été chargé, et il en adressera le résultat au Secrétaire ayant le département de la Marine. Il trouvera joint à la pré-

[1] Affaires étrangères.

[2] *François-Étienne* comte de Rosily-Mesros, né à Brest, 13 janvier 1748; † à Paris, 12 janvier 1832; il était alors capitaine de vaisseau. — Voir Henri CORDIER, *Correspondance générale de la Cochinchine (1785-1791)*. Leide, 1906-1907, p. 24.

sente instruction une copie de celle qui a été expédiée à cet off^{er}. qui lui fera connoître les objets qu'il doit remplir; Et si des circonstances imprévües mettoient le S. de Rosily dans l'impossibilité d'exécuter les ordres qu'il a reçus, le S. Ch^{er}. d'Entrecasteaux le ferait remplacer par un des bâtimens à ses ordres.

Le S^r. Ch^{er}. d'Entrecasteaux est prévenu qu'il trouvera dans cette Isle le S. DE CONWAY [1], commandant en l'absence du Gouverneur Général, et qu'en cette qualité, il ne doit lui être rendu que les honneurs attachés à son grade militaire.

Avant de partir de l'Isle de France, il examinera l'état du Port, et le travail qu'il y aura à faire, pour le rendre utile aux escadres de Sa M^{té}. en tems de Guerre. Il sera également important qu'il puisse se procurer des renseignemens surs, relatifs aux ressources en bois qu'on peut trouver dans cette isle, ainsi que sur l'emploi et sur le nombre indispensable de nègres, pour y préparer les choses nécessaires aux radoubs des bâtiments de Sa Majesté. Le S. Ch^{er}. d'Entrecasteaux sentira combien il importe qu'il fasse connoître la mesure des ressources de cet établissement principal.

Après avoir pris ces renseignemens, et toutes les connoissances que le S. Ch^{er}. d'Entrecasteaux jugera utiles, il mettra à la voile de l'Isle de France, pour se rendre à Ceylan, en passant par les isles Séchelles, pour connoître leur situation et le degré de leur utilité; mais si l'époque de son départ ne lui permettoit pas de les reconnoître par lui-même, et de se procurer ces renseignemens, il en chargeroit un bâtiment à ses ordres.

Arrivé à Ceylan, il s'informera des dispositions qui auront été faites par la station hollandoise, et il préviendra le Gouverneur que l'escadre du Roi sera toujours prête à concourir avec celle du commandant hollandois, pour la sureté des deux nations.

De Galle ou de Columbo, où il aura vraisemblablement mouillé, en arrivant sur Ceylan, il passera à Trinquemalé, pour en reconnoître la situation sous tous les rapports. Il se rendra ensuite à Goudelour ou à Pondichéry, selon le lieu où se trouvera le commandant des troupes de Sa Majesté.

Si l'époque de son départ de Brest ou le séjour qu'il fera dans sa route le forcent de n'arriver à la Côte de Coromandel qu'à la fin de Septembre, il se dirigera d'abord sur la côte de Malabar, où il visitera les ports dont la connoissance est la plus importante. Il pourra combiner ces observations à faire dans cette partie d'après les instructions du S. de Rosily, pour ne pas faire de doubles emplois, et ce que le S. Ch^{er}. d'Entrecasteaux pourra

---

[1] *Thomas*, comte de Conway, né en Ir'ande en 1735, entre le 16 décembre 1747 au service de la France; il fut colonel du régiment de Pondichéry (1781), maréchal de camp (1784), et enfin gouverneur général des Établissements français dans l'Inde (1787). — Cf. Henri CORDIER, *Correspondance générale de la Cochinchine* (1785-1791). Leide, 1906-1907, in-8°, p. 53.

faire sera combiné avec l'époque du mois d'avril, à laquelle il devra paroître sur la côte de Coromandel.

En partant de Goudelour ou de Pondichéry, il entrera dans le Gange, il remontera ce fleuve jusqu'à Chandernagor, et le descendra après y avoir rempli l'objet de protection que le commerce peut attendre du séjour que le pavillon du Roy y fera. Il tâchera, sous quelque prétexte, de reconnoitre Calcutta et les batteries placées sur les deux rives, aux points les plus rapprochés de l'embouchure du Gange. Mais pour rendre la navigation dans le Bengale et sur les côtes de l'Est plus utile, il demandera au commandant des troupes à Pondichéry, un off.er. de génie intelligent, pour lever des plans et reconnoitre militairement les points importants qu'il parcourra.

Dans le nombre des isles ou des côtes que le S. Ch.er. d'Entrecasteaux devra reconnoitre ou faire reconnoitre par les batiments à ses ordres, il s'occupera principallement des isles Andamans, pour s'assurer s'il y a des ports, des bois, et des subsistances. Il reconnoitra soigneusement Mergui, Malaca, et tous les détroits. Si, en disposant des batiments à ses ordres, il peut envoïer jusqu'à Manille, il fera reconnoitre l'état de Luçon, de ses formes de terre, de ses batiments, &c. afin de pouvoir juger. si en cas de guerre, et dans l'hypothèse d'une combinaison de forces contre l'Angleterre, on pourroit tirer des secours de cet établissement espagnol.

Il ne négligera aucun moïen d'acquérir toutes les connoissances possibles sur le commerce de la Mer Rouge, et il ne perdra pas de vue que l'objet principal de la station de l'Inde est de protéger le commerce de la Compagnie des Indes dans ces mers, et de conserver au pavillon françois toute la considération qu'il s'y est acquise.

Dans l'étendue qu'embrasse la station du S. Ch.er. d'Entrecasteaux on peut avoir laissé échapper quelques points de renseignements importants à prendre. Sa Majesté lui recommande donc dans ce cas de suppléer à ce qui aura été omis dans cette instruction et de donner l'extension qu'il estimera avantageuse aux objets sur lesquels il lui est prescrit de se procurer les connoissances qu'il importe d'acquérir.

Il s'occupera des moïens de retirer de l'Inde les François épars qui voudront revenir en Europe ou dans les établissements françois de l'Asie, et il fera observer une discipline exacte et rigoureuse, pour éviter le libertinage qui conduit à la désertion ou aux maladies qui les détruisent.

Il s'occupera pareillement des moïens de faire réparer et ravitailler ses vaisseaux dans les mers ou il doit stationner, sans avoir besoin de revenir à l'Isle de France, pour cet objet. La défense de venir y relacher fera découvrir des ressources dans les lieux ou les batiments se trouveront, qu'on n'y chercheroit pas avec la facilité de se les procurer sans peine dans les isles. Le Bengale peut fournir du biscuit et des salaisons, la côte de Coromandel, du bois et les établissements hollandois de l'arrack qui remplace les eaux de vie. Les liaisons qui existent entre la France et la Hollande, autorisent le S. Chʳ. d'Entrecasteaux à aller avec confiance dans ces établissements, pour y demander, en paȳant, les objets nécessaires aux réparations des batimens qui composent la station à ses ordres.

Sa Majesté est persuadée que le S. Chᵉʳ. d'Entrecasteaux concourra avec le zèle et les lumières qu'il a développés dans plusieurs occasions, à tout ce qui est relatif au bien de son service. Il n'ignore pas qu'il est absolument sous les ordres du Gouverneur général, pour tout ce qui a rapport à la disposition des forces navales en station aux Indes orientales. Elle lui recommande d'user de prudence et de circonspection dans les occasions où il pourroit se trouver vis-à-vis des Anglois, et de concilier néanmoins la modération et la fermeté, son intention étant de ne céder à aucune nation et que son pavillon soit respecté dans tous les cas, et particulièrement dans celui où le commerce de ses sujets éprouveroit des entraves au mépris des traités, il soutiendroit alors ses droits avec force et énergie. Elle lui recommande pareillement de tenir exactement la main à ce que le service soit fait à bord des batiments sous ses ordres avec la plus grande régularité, et que chacun se conforme aux ordonnances et règlements. Il rendra compte au Secrétaire d'Etat, aȳant le département de la Marine, des commandants et officiers qui manqueroient à ce qu'il leur auroit prescrit, pour le maintien de la discipline. Sa Majesté lui ordonne de démonter, et de renvoïer en France, ceux qui par leur conduite se seroient rendus coupables de désobéissance, et qui auroient rempli les missions dont ils auroient été chargés.

Sa Majesté attend que, dans toutes les circonstances, le S. Chᵉʳ. d'Entrecasteaux justifiera l'opinion avantageuse qu'elle a de ses lumières, de sa prudence et de sa fermeté.

Plus tard, il reçoit de nouvelles instructions relatives à la Chine :

M. d'Entrecasteaux, à Pondichéry,

A Versailles *le 17 fᵉʳ 1786.*

Vous recevrés, M., par une autre de mes despeches les instructions du Roi pour la mission que vous êtes chargé d'exécuter à Canton relativement aux sommes considérables que les Chinois doivent à nos négocians. L'intention de Sa Majesté est encore que vous preniés connoissance de la situation de ce comptoir pour y faire les arrangements provisoires qui vous paroitront convenables d'après les détails dans lesquels je vais entrer.

Au moïen de l'établissement de la Compagnie des Indes [1], il suffit de conserver à Canton un agent et un interprette qui n'auront rien de commun avec la Compagnie, sur les emploiés de laquelle l'agent n'aura aucun pouvoir. Son service se bornera à me rendre compte de ce qui se passera en

____

[1] Elle avait été créée par arrêt du 14 avril 1785.

Chine tant pour les affaires politiques que pour celles du commerce, et à exécuter les ordres qui lui seront adressés.

M. Vieillard, vice-consul, aïant demandé à faire son retour en France, vous choisirés entre les Français qui resteront à Canton celui qui vous paroitra mériter le plus de confiance pour la place d'agent et vous conserverés le S^r. de Guignes, en qualité d'interprette si vous n'y trouvés pas d'inconvénient. Quant à leur traitement, Sa Majesté a décidé qu'ils jouiront d'une somme qui leur tiendra lieu de tout, même de logement et de frais de voiage. Cette somme ne sera pas portée au-dessus de 4ooo^{tt} par an pour l'agent et de 2ooo^{tt} pour l'interprette. Vous donnerés pour le retour des emploiés du Roi les ordres que vous jugerés convenables et vous leur annoncerés que je mettrai avec plaisir leurs services sous les yeux du Roi pour leur procurer les graces dont ils se trouveront susceptibles.

J'avois définitivement fixé par une depesche du 19 X^{bre} 1783 [1] les dépenses du Consulat à 20,500^{tt} par an suivant un état que vous trouverés joint au duplicata de cette depesche. Je vous prie d'arrêter sur ce pied le compte de ces dépenses que je vous autorise à recevoir soit du S^r. Vieillard, soit de celui qui le représentera. Les observations que M. Vieillard a faites à ce sujet par sa lettre du p^{er}. Jan^{er}. 1785, n° 12, ne m'ont pas paru fondées. Vous aurés en conséquence à retrancher sur le compte qu'il a joint à sa lettre n° 16 dont je vous envoie le d^{ta}. ainsy que du n° 12, les 7ooo^{tt} d'app^{ts}. qu'il y a portées au dela des 20,5oo^{tt} à quoi la dépense totale a été fixée. Ainsy il sera resté en ses mains au 31 X^{bre}. 1784, 32,219^l 12^s 3 dont 20,5oo^{tt} seront allouées pour l'année 1785 et le surplus sera imputé sur l'année courante.

Vous demanderés à M. de Moracin [2] de vous remettre 2500 piastres sur les espèces que porte la frégate *La Calipso*, tant pour solder le compte du S^r. Vieillard que pour laisser environ 1000 piastres à la disposition du nouvel agent.

Vous verrés par les lettres de M. Vieillard n°^s 14 et 15 les mouvements qui ont eu lieu à Canton à l'occasion de l'accident involontaire qui a causé la mort de deux Chinois, et des ordres donnés par l'empereur pour arreter des prêtres chinois. J'en joins également les d^{ta}. avec celui du n° 19 relatif aux griefs du commerce et aux sommes dues aux négocians françois qui font l'objet principal de votre mission. Je vous prie de prendre sur les lieux les notions les plus précises que vous pourrés vous procurer, et de me les transmettre dans vos observations.

Le gouverneur portugais de Macao avoit intimé à tous les François qui n'étoient pas attachés au Consulat de Canton l'ordre de ne plus aller passer

---

[1] Cf. Henri Cordier, *Le Consulat de France à Canton au XVIIIe siècle*, 1908, p. 16.

[2] Intendant de Pondichéry.

l'hyver dans cette isle. Sur les plaintes qui en ont été portées à la Cour de Lisbonne, l'ambassadeur de cette Couronne a déclaré que la Reine de Portugal avoit confirmé la décision provisoire du gouverneur de Goa, lequel avoit prescrit à celui de Macao son subordonné de remettre les choses en leur ancien état. Je suis persuadé qu'à votre arrivée, vous trouverés cette affaire terminée sur ce pied.

Depuis le xvie siècle, les Portugais étaient établis à Macao[1]. mais on ne pouvait considérer cette occupation comme une véritable possession de colonie, car les Chinois y exerçaient des droits absolument suzerains. Les Portugais, depuis 1582, jusqu'à l'assassinat du gouverneur AMARAL, le 22 août 1849, payaient aux Chinois une redevance ou, si l'on veut, un loyer nominal de 1000, puis de 500 taëls par an. — En dehors de la douane portugaise, il y avait aussi une douane chinoise à Macao. Les douanes chinoises imposaient aux Portugais eux-mêmes des droits, inférieurs, il est vrai, à ceux des autres pays occidentaux, puisque c'étaient les mêmes payés par les Chinois, mais ne les exemptaient ni du droit d'ancrage, ni de mesurage. Les Portugais, d'accord en cela avec les Chinois, empêchaient les Européens, sauf les Espagnols de Marseille, de faire le commerce à Macao même : Canton était, lui, le lieu de commerce; Macao n'étant que le point de relâche, à l'aller comme au retour, du port chinois en même temps que le séjour des étrangers entre deux expéditions dans la capitale du Kouang-toung. L'hospitalité portugaise ne s'exerçait pas toujours d'une façon aimable, et un conflit entre le gouverneur portugais de Macao et les Français venait justement d'éclater peu de temps avant l'arrivée de d'Entrecasteaux.

En 1785, le gouverneur portugais Bernardo Aleixo LEMOS de Faria, de Macao, avait, de son autorité privée, prohibé aux subrécargues français le séjour pendant l'hiver de la colonie qu'il administrait. Mais son supérieur, le gouverneur de Goa[2], avait heureusement suspendu la mesure arbitraire de son subordonné; aussi lorsque M. DE VERGENNES adressa des représentations au comte DE SOUZA, ambassadeur de Portugal à Versailles, celui-ci

<hr>

[1] *L'arrivée des Portugais en Chine*, par Henri CORDIER (Extrait du *T'oung-pao*, vol. XII), E. J. Brill, Leide, 1911, in-8°, p. 63.

[2] Le secrétaire d'État de l'Inde portugaise était, depuis 1776, Féliciano Ramos Nobre Mounão, qui fut remplacé en 1786 par Sébastião José Ferreira BARROCO.

put lui répondre que la Cour de Lisbonne, approuvant le gouverneur de Goa, avait remis les choses en état. L'affaire était donc
réglée, ainsi que l'avaient prévu ses instructions, et d'Entrecasteaux n'eut pas à s'en occuper. Il s'assura, à Macao, que les Français
jouissaient de la même liberté que les autres nations dans cet établissement, et qu'il n'avait que des comptes satisfaisants à rendre
à cet égard.

Quel était le vrai but de sa mission à Canton? Entre les instructions écrites et les avis officieux donnés verbalement, il y a des
nuances ou mieux des lacunes :

Le but réel de la mission de d'Entrecasteaux et la seule partie
secrète de sa mission était de faire connaître à la Chine les futurs
desseins des Anglais contre ce grand empire : c'est ce que nous
montre une lettre du P. de Grammont[1], adressée de Canton le
15 février 1787, à Péking, au P. DE VENTAVON[2], que son confrère
charge de prévenir le gouvernement de la capitale.

Dès 1785, ainsi que nous l'avons vu plus haut, lorsque d'Entrecasteaux, alors capitaine de vaisseau, fut envoyé en station aux
Indes orientales, ses instructions lui enjoignaient d'examiner surtout
les positions militaires anglaises et françaises au Cap de Bonne-
Espérance et à l'île de France, de se rendre compte des forces
navales de la Grande-Bretagne dans l'océan Indien, de visiter les
îles Andaman, de reconnaître Mergui et le détroit de Malacca, de
pousser même jusqu'à Manille, lui recommandant d'agir partout
avec conciliation et cependant avec fermeté. Nous avons vu qu'il
ne reçut que plus tard ses instructions pour la Chine.

Le but apparent et le seul qui pût avoir, en somme, un résultat
pratique était le règlement des dettes des Chinois envers les Français. En 1783, les sommes dues aux négociants français s'élevaient
à 617,480 piastres ou 3,334,362 livres tournois [3].

D'autres questions sont également à débattre : assurer la vitalité
d'une nouvelle compagnie de commerce rétablie à la légère par
M. de Calonne par arrêt du conseil rendu le 14 avril 1785, faire

[1] Jean-Joseph DE GRAMMONT, S. J., né au château de Grammont, commune
de Boucagnères, près Auch, le 18 mars 1736; † 1808 à Pe-King.
[2] Jean-Mathieu DE VENTAVON, né à Gap, 14 septembre 1733, † 27 mai 1787,
à Pe-King.
[3] Henri CORDIER, *Les Marchands hanistes de Canton*, 1902, p. 22.

une enquête sur la moralité plus que douteuse de nos agents à Canton, sur nos droits de propriété sur la factorerie française dite *Impériale*, l'une des plus grandes et des plus commodes, dont on avait disposé en faveur d'étrangers et que convoitaient les Anglais; la besogne ne manque pas. Il y avait aussi un côté un peu glorieux dans la mission du chevalier d'Entrecasteaux : il était bon de montrer dans ces mers lointaines le pavillon du roi de France dont le prestige ne pouvait que s'accroître avec un homme d'aussi grande valeur que le célèbre navigateur.

Et cependant le temps manque : les instructions se font attendre ou se contredisent; il faut de la fermeté et de la sagesse, exiger le respect dû au pavillon du roi, tout en ayant l'ordre de ne pas l'engager. Il n'est donc pas étonnant que M. d'Entrecasteaux luimême ne se soit fait aucune illusion sur le succès d'une mission qu'il devait savoir fatalement échouer.

Ajoutez, pour compléter les difficultés de la situation — ce que d'Entrecasteaux ne pouvait savoir d'avance — que le gouvernement provincial de Canton était en complet désarroi, par suite du départ des principales autorités appelées au loin par la guerre de Formose[1]. Le gouverneur général (*Tsong-tou*) s'était rendu à Tch'ao tcheou pour venir au secours de son collègue du Fou-Kien qui était chargé de réprimer cette rebellion de Formose qui avait éclaté en 1786, pris des proportions formidables et ne fut réprimée qu'en 1788.

Le gouverneur *Fou-t'aï* 撫 台 ou *Siun-fou* 巡 撫 était à Péking, et, comme le dit le P. de Grammont : «Parmi les grands qui restent aujourd'hui à Canton, il n'y a pas une tête, ce sont tous gens timides, embarrassés, peu versés dans les affaires, incapables d'en saisir et d'en terminer aucune sans prendre conseil, et à qui par conséquent la prudence ne permettoit pas que l'on communiquât les vrais motifs de l'arrivée des deux frégates».

Il ne restait à Canton que le trésorier, *Pou-Tcheng-Che-Seu*[2], que visita le P. de Grammont le troisième jour de l'an chinois.

Enfin l'un des desiderata de d'Entrecasteaux était la création d'un établissement à Emouy (Amoy), sur la côte du Fou Kien, en

---

[1] Cf. C. Imbault-Huart, *L'île de Formose*. Paris, 1893, in-4°, p. 118 et suiv.

[2] 布 政 使 司 ou *Fan-t'ai* 藩 台.

face de Formose, où les Espagnols trafiquaient assez librement. C'est un des points qui attirèrent l'attention du ministère.

D'ailleurs d'Entrecasteaux marquait bien dans ses lettres la situation.

Le règlement des dettes des marchands hanistes le hantait tellement, qu'il écrivait encore de l'île de France, deux ans plus tard (21 juin 1789) :

Il m'a paru important de vous mettre à portée de juger de la vérité des conjectures que j'avois formées sur l'état de nos dettes en Chine, sur l'impossibilité d'obtenir le remboursement de celles des Chinois à notre égard, et sur les obstacles qu'y opposeroit surtout la Compagnie, laquelle n'ayant aucun interêt à cette liquidation ne pourroit que craindre les effets que cette tardive réclamation produiroit sur les Chinois ainsy que sur les nations européennes, et dont son foible commerce pourroit ressentir le contre-coup [1].

C'était une tâche pénible et à peu près irréalisable que l'on demandait à M. d'Entrecasteaux d'accomplir. Arrivé à Macao sans plan vraiment étudié, renseigné insuffisamment par des agents paresseux ou négligents, n'ayant à disposer que d'un très court espace de temps, il ne pouvait réussir, malgré son intelligence et sa bonne volonté. C'est un très grand tort de confier des missions importantes à des officiers de passage, qui arrivent à l'improviste n'ayant d'autre point d'attache que leur navire et qui ignorent tout de l'intérieur du pays, but de leurs opérations. Il est terrible de relever les bourdes qui se trouvent dans les voyages autour du monde; je me rappelle avoir vu dans la relation de la *Favorite,* commandant FREYCINET, confondre à Macao, en 1831, le lazariste LAMIOT avec le jésuite Amiot, mort à Peking en 1793. La Pérouse et d'Entrecasteaux étaient de grands navigateurs; pourquoi en avoir voulu faire des diplomates et des experts commerciaux ?

Le manque de pilotes, occupés avec les navires anglais, — il n'y en avait pas eu moins de 29 dans le courant de l'année, — retarda le départ de d'Entrecasteaux de Macao pour Canton jusqu'au samedi 10 février. Le 12 février, M. d'Entrecasteaux prévenait de son arrivée notre consul auquel il écrivait :

[1] Collection H. C.

L'objet de ma mission est de faire connoître dans toutes les mers de l'Inde, dont la station m'est confiée, la protection que le Roi est dans l'intention d'accorder au commerce de ses sujets; et comme le Pavillon de Sa Majesté n'avoit jamais paru dans les mers de Chine, elle a jugé que la présence de deux de ses bâtiments devoit y produire un effet avantageux, et pouvoit contribuer aux négociants français le remboursement des sommes qui leur sont dues par les Chinois.

Dans cette même lettre, avec la profonde ignorance des gens d'Occident qui s'occupent d'Extrême-Orient, d'Entrecasteaux demandait que le P. DE GRAMMONT, missionnaire jésuite, lui servît d'interprète dans ses négociations avec les autorités chinoises. Le choix était bon pour se renseigner sur les démarches à faire; mais quel rôle pouvait jouer, quelle influence exercer à Canton un missionnaire étranger! Autre erreur. Que pouvait faire d'Entrecasteaux? Bombarder Canton? On lui recommandait la sagesse en même temps que la fermeté. Mais qu'était cet envoyé du roi de France, cet envoyé d'un roi barbare d'Occident pour dicter ainsi des termes? Qu'était l'empereur de France auprès du Fils du Ciel? quand ce Fils du Ciel était K'ien-loung, un lettré doublé d'un conquérant, celui qui, en Birmanie, au Tibet, dans l'Asie centrale, au Nepal, faisait redouter le nom mandchou, le nom des T'sing! Et voilà qu'un simple capitaine de vaisseau devait inspirer le respect! Tout tremblait au nom du petit-fils de K'ang Hi, l'illustre empereur devant lequel s'était inclinée la vieille Hollande appuyée sur la flotte la plus puissante du temps. A lire la lettre de d'Entrecasteaux, on croirait qu'il s'agit d'échange de dépêches entre souverains d'Europe qui se connaissent, et qui, tout en ne s'aimant pas, se traitent de cousins! Je vois à chaque instant, dans cette lettre, revenir les mots de *droit*, de *devoir*, etc., adressés au pays le plus orgueilleux du monde peut-être : la Chine! Et pour qui sait lire ce qui se passe dans l'âme d'un fonctionnaire du Céleste Empire, combien sont charmantes ces dernières lignes du procès-verbal :

Finalement, dans le cas où la réponse ne se ferait pas à la lettre de M. le Ch^{er}. d'Entrecasteaux, il doit protester contre le silence des Chinois, en prendre acte signé de l'Etat-Major des deux V^{aux} sous ses ordres, intimer ce protêt aux hanistes, notament au S^r PAN KE KOUA, écrire une seconde lettre au Tsomptou pour lui annoncer son départ, et notifier à ce Vice Roi que la saison prochaine S. M. l'Empereur enverra d'autres V^{aux} prendre la réponse aux deux lettres que son Commissaire a écrit au Tsomptou et qu'il espère que six mois de reflexion seront suffisans pour faire sentir tout leur effet aux représentations consignées dans ses deux lettres, et que s'il en étoit autrement S. M. l'Empereur de France ne pourroit s'empecher de prendre le silence du Tsomptou pour un déni de justice formel et que le Tsomptou se rendrait personelement responsable des consequences qu'il pourrait entrainer.

« C'est une affaire, dit d'Entrecasteaux, qui doit être brusquée pour profiter de la surprise que cette apparition ne peut manquer de causer dans une nation aussi timide qu'elle est défiante; cette hâte est d'autant plus nécessaire que je n'ai moi-même qu'un séjour très court à faire en Chine. »

Non seulement il y a hâte, mais encore la prudence est recommandée, en même temps que la fermeté :

« Je dois vous prévenir néanmoins, continue-t-il à notre consul, que l'intention du Roi n'est pas que son Pavillon puisse être compromis en aucune manière par des intérêts particuliers, ni même qu'il pût résulter des démarches faites à cette occasion une interruption de commerce qui seroit nuisible aux intérêts de la nouvelle Compagnie, et qui la mettroit dès lors dans le cas de réclamer des indemnités. L'établissement de cette Compagnie, donnant lieu à un nouvel ordre de choses, semble être un motif bien naturel de demander que la liquidation des dettes respectives soit arrêtée, puisque ce n'est plus par les mêmes personnes que doit être fait désormais le commerce de Chine. Je vous adresse une lettre pour le Vice-Roi, où j'insiste sur la justice de cette liquidation d'après ce principe [1]. »

M. d'Entrecasteaux considère qu'une des raisons qui le doivent faire bien recevoir des Chinois, c'est la politique contraire de la France et de l'Angleterre.

Si la personne avec laquelle on aura à traiter « est susceptible de concevoir des raisons politiques », il faudra lui « insinuer combien il est intéressant pour les Chinois de ne pas traiter les Français moins favorablement que les Anglais, de lui faire entrevoir qu'un des principaux motifs pour lesquels l'Empereur de France s'est décidé à envoyer deux de ses Vaisseaux en Chine, est de faire observer la conduite et la marche des Anglais, que l'on sait positivement avoir expédié des bâtiments pour reconnoitre les côtes de Chine, où ils ont le projet de former des établissements; que le

_____
[1] Lettre au consul de Canton, 12 février 1787.

tems n'est peut-être pas éloigné où les Français seront les alliés naturels des Chinois, comme ils le sont de toutes les puissances de l'Inde, dont les Anglais ont le projet de faire la conquête; que dans ce moment ils aspirent incontestablement à avoir le commerce exclusif de cet Empire, et que, s'ils y parviennent, il est évident que le défaut de concurrence mettra les Chinois dans leur dépendance [1]. »

Il me semble lire un article de la *Nineteenth Century,* préconisant une triple alliance entre l'Angleterre, la Chine et l'Afghanistan !

Dans une lettre datée du 12 février 1787, d'Entrecasteaux annonça au vice-roi de Cánton son arrivée à l'entrée de la rivière du Tigre; on le pria d'attendre l'autorisation de remonter en dehors de la bouche du Tigre, ce qu'il refusa nettement de faire. Arrivé le mardi 13 février au mouillage de la Tour du Lion, d'Entre-casteaux envoya à Canton DE GUIGNES, qu'il avait embarqué à Macao, et M. HAUMONT, un de ses officiers, qui arrivèrent le soir à Canton et se rendirent incontinent chez le second subrécargue de la Compagnie française, M. DESMOULINS, pour se concerter avec lui sur la manière d'agir avec les Chinois. Lorsque Haumont et de Guignes se rendirent le lendemain (mercredi 14) chez le P. DE GRAMMONT, celui-ci fut extrèmement surpris d'apprendre qu'au lieu de la *Reine,* c'étaient deux vaisseaux du Roi qui étaient entrés dans la rivière de Canton. Le chef du Co-hang, PAN KE KOUA, ne fut pas moins déconcerté d'apprendre cette transformation soudaine de bâtiments de commerce en navires de guerre. Toutefois il se rassura ou fit semblant de s'assurer que c'était l'absence de fond qui avait fait abandonner le mouillage de Macao. Le jeudi 15, le vendredi 16, aucune réponse n'était arrivée soit du gouverneur général, soit du Hai Kouan. Enfin, le samedi, un interprète vint demander ce que venaient faire ces vaisseaux. Sur la réponse qu'ils étaient des vaisseaux de l'Empereur de France, et ne faisaient pas de commerce, mais qu'ils venaient chercher de l'eau et des vivres, deux marchands hanistes, venus le dimanche 18, Tso KOUA et MONG KOUA, demandèrent à visiter le bateau, ce que d'Entrecasteaux refusa, après s'être enquis des précédents du commodore Anson et du capitaine anglais Panton, afin que ses bateaux ne fussent pas mesurés comme de simples navires de commerce. Malgré le jour de

[1] Lettre au Ministre, du 12 février 1787.

3.

l'an chinois[1] et les lettres du P. de Grammont et de De Guignes au *Pou-Tcheng-Che-Seu,* les fonctionnaires chinois, qui ont peur des canons de nos vaisseaux, donnent l'ordre à nos commandants de déguerpir dans les cinq jours. Le lendemain mardi, d'Entrecasteaux s'empresse d'envoyer le P. de Grammont au *Pou-Tcheng-Che-Seu* l'assurer de ses sentiments amicaux. Ce haut fonctionnaire, ainsi que le missionnaire, se rendirent au palais du général tartare avec quelques collègues, et ces fonctionnaires, au nombre de huit, se décidèrent à envoyer l'un d'eux, le *Nan Tche-Hien,* chargé de la police du sud de la ville, pour rencontrer M. d'Entrecasteaux chez Pan Ke Koua. A la suite de cette rencontre, ordre fut donné de fournir de l'eau et des vivres à nos vaisseaux, et il ne fut plus question de visites à bord de nos navires. D'Entrecasteaux eut la bonne fortune de trouver à Canton le P. de Grammont, qui avait été autorisé par la Cour de Pe-king à se rendre dans cette ville pour rétablir sa santé; c'était un « homme de sens, très au fait des usages, sachant très bien la langue chinoise »; Grammont s'était mis immédiatement en rapport avec son confrère de Pe-king, le P. de Ventavon, de façon que la Cour fût instruite d'une mission que lui auraient laissé ignorer les autorités du Kouang-Toung. C'est ce missionnaire qui fut chargé de traduire et de porter, ainsi que nous l'avons dit, les lettres du chevalier d'Entrecasteaux au gouverneur général des Deux Kouang. Celui-ci étant absent, la lettre ne lui fut pas remise et elle fut laissée aux soins de M. de Grammont pour qu'il la fît parvenir à ce haut fonctionnaire ainsi qu'une copie à la Cour de Peking.

Au retour du vice-roi, ou tout au moins à son second retour, — et ce ne fut qu'à la fin de novembre 1787, — M. de Grammont put remettre la lettre de d'Entrecasteaux. Il n'obtint pas de réponse. Il paraîtrait d'ailleurs qu'il y avait à peu près égalité de dettes françaises et chinoises, que si nos nationaux étaient porteurs de billets chinois, les Chinois étaient porteurs de non moins nombreux billets français. Il aurait fallu, pour résoudre la question, des coups de canon, et l'on y était peu disposé à ce moment.

Enfin la lettre fut remise par le P. de Grammont au *siuen-fou* au lieu du *tsong-tou* absent, mais la guerre de Formose occupait trop les Chinois pour qu'ils pensassent à autre chose.

---

[1] Le premier jour de l'année chinoise, 52° année de la période K'ien loung, correspond au dimanche 18 février 1787.

Desmoulins[1], agent de la Compagnie française, paraît avoir été l'homme qui ait rendu le plus de services à d'Entrecasteaux dans cette mission : « Je n'ai pas laissé ignorer au Ministre, Monsieur, les services que vous avez rendus aux bâtiments de Sa Majesté; je lui rendrai compte également du zèle avec lequel vous voulez bien vous charger de procurer les divers éclaircissements qu'il désire. Mes ordres sont, Monsieur, de les demander à la personne la plus digne de confiance. C'est pour me conformer à ses sentiments que je me suis adressé à vous. »

Après son départ, d'Entrecasteaux écrivait à M. Desmoulins, agent de la Compagnie française, qu'il eût « à prendre des renseignements sur le fait du remboursement de 8,500 piastres, ordonné par le Ministre, laquelle somme avoit été payée de trop par le Cohang, pour la confection des gravures représentant les victoires de l'Empereur; il est nécessaire de savoir si le remboursement a été fait en entier ou en partie, afin d'en compléter le payement ».

Les jours qui suivirent la visite du *Tche hien* n'offrent aucun fait intéressant. Il ne paraît pas qu'il y ait eu beaucoup de difficultés soulevées de la part des autorités de Canton, et que, seul, Pan Ke Koua, chef des hanistes, eût intérêt à voir partir notre vaisseau pour pouvoir régler ses affaires avec ses associés anglais. Il paraît au contraire que les hauts fonctionnaires chinois voyaient sans déplaisir l'arrivée des Français faisant concurrence à la nation anglaise qu'ils redoutaient par-dessus tout. Le 23 février, un vendredi, Pan Ke Koua et son comprador, intéressés dans la question comme nous venons de le voir, déclaraient à M. d'Entrecasteaux et à M. de Castries que leurs vaisseaux devaient partir dans trois jours. Nos officiers répondirent qu'ils n'avaient rien à discuter avec des marchands; que les mandarins seuls pouvaient traiter avec eux; enfin, les vivres étant fournis, le chevalier d'Entrecasteaux rejoignit son bord le mercredi 28 février, et le 4 mars les pilotes embarquaient.

Ainsi cette mission dura, dans les mers de Chine, du mercredi 7 février au 4 mars.

Malgré la grande pression qu'il exerçait sur les Chinois, le commerce anglais vivait surtout de crédit et n'était rien moins que

[1] Fouqueux des Moulins.

florissant. Si, au lieu des vaisseaux de d'Entrecasteaux, c'eût été la *Reine* qui fût arrivée à Canton; si elle n'avait pas manqué son voyage, plusieurs navires anglais fussent partis sans fret : les Français payant argent comptant, tandis que les Anglais prenaient à crédit. Les Anglais désiraient non seulement augmenter leurs expéditions annuelles, mais encore, peut-être pour les éviter, accumuler en magasin les marchandises pour une année au moins d'avance.

La question d'un autre port que Canton était pour eux fort importante, — je l'ai montré ailleurs, — mais Formose paraît avoir été l'objet de leurs convoitises. L'Angleterre cherchait par des demandes exagérées de marchandises à surélever les prix de telle façon que les nations rivales fussent obligées d'abandonner un commerce qui n'était plus lucratif. Il y avait double jeu, dû à une crise temporaire, par suite de l'augmentation des prix d'achats : rebuter les autres étrangers d'un négoce peu rémunérateur, maintenir les Chinois, à l'aide des avances que leur faisaient les Anglais, par des dettes qu'ils contractaient devers leurs Compagnies, forçant de la sorte les achats des produits anglais à un prix exagéré, obtenant de forts rabais sur l'achat des produits indigènes. C'est la loi de l'offre et de la demande, mais c'est aussi celle de l'usure.

Il ne faut pas oublier que l'Angleterre était en concurrence non seulement avec la France, l'Empire, la Suède, mais aussi avec la Russie, dont les draps étaient, comme aujourd'hui, fort recherchés des Chinois. Les Anglais visaient le commerce exclusif de la Chine, et le nombre de leurs navires était d'un tiers plus considérable à Canton que celui des autres nations réunies. C'est par les subrécargues des Compagnies suédoise et hollandaise que nous étions renseignés sur la situation de la Compagnie anglaise.

La lutte entre les Anglais et les Français se marquait d'une façon très intéressante par les rumeurs qui se propageaient en Asie, mais que dire du peu de renseignements de nos agents? La Pérouse ignorait la venue prochaine de d'Entrecasteaux à Canton, et d'Entrecasteaux, tout en connaissant l'importance de la Cochinchine, ignorait, en arrivant à Canton, l'appel fait à la France par Ngûyen-anh.

« J'ai appris, à mon arrivée à Canton, que le bruit s'y était répandu que nous allions former un établissement à la Cochinchine. L'inquiétude qu'en ont eu les Anglais m'a bien confirmé dans l'opinion où j'étais déjà de l'importance du port de Tourane. »

Il est curieux de noter combien on était hypnotisé par l'idée qu'une ambassade anglaise était en préparation. L'ambassade était en effet en préparation, mais l'inquiétude était fort peu justifiée, témoin l'insuccès de la mission de Lord Macartney.

D'Entrecasteaux écrivait de l'île de France, le 21 juin 1789 [1] :

Vous y verrez également que l'annonce que j'avois faite de l'envoi d'un ambassadeur anglois, et ma conjecture sur le lieu où il me paraissoit vraisemblable qu'il mettrait pied à terre pour être plus à portée de Pékin, et effrayer par cette apparition inattendue, ou du moins inusitée, une nation aussi timide que celle des Chinois, sont également confirmées par le rapport des supercargues de la Compagnie. Une nouveauté aussi importante à l'égard d'une nation si servilement attachée à tous les anciens usages, et que le moindre changement effarouche, cette nouveauté, dis-je, couvre nécessairement de grands projets; il ne peut pas être douteux que l'Angleterre ne se propose de demander de grands avantages pour son commerce, qu'elle représentera avec raison comme double de celui de toutes les autres nations réunies, et plus sûrement encore demandera-t-elle un établissement sur les Côtes chinoises; car il est impossible qu'une nation aussi éclairée sur ses véritables intérêts puisse consentir, pour des objets devenus pour elle de 1re nécessité, à rester dans la dépendance d'une nation ombrageuse, dont le gouvernement tyrannique et arbitraire peut d'un instant à l'autre arrêter l'extraction d'une denrée dont l'Angleterre ne peut plus se passer. La preuve la plus évidente des vues de la Grande Bretagne, c'est l'approvisionnement de thé qu'elle a fait et qu'elle continue de faire pour une ou plusieurs années; elle pense, sans doute, que ses demandes peuvent n'être pas bien accueillies, et dans la crainte d'une suspension de commerce pendant la durée de cette négociation, elle s'est munie de tout ce dont elle a besoin afin de pouvoir parler avec la hauteur que tout semble annoncer qu'elle se propose d'y mettre. Les conjectures que j'avais eu l'honneur de mettre sous vos yeux se trouvent confirmées par toutes les lettres de Macao et de Canton. Je me fais un devoir de vous les rappeler comme dignes de fixer l'attention du Ministère.

La crainte de voir les Français obtenir des avantages commerciaux défavorables pour eux avait, en effet, poussé les Anglais à envoyer une ambassade en Chine. Le colonel Cathcart, qui dirigeait cette ambassade envoyée à Peking, mourut dans le détroit de la Sonde, et le navire qui le portait, la *Vestale*, reprit la route d'Europe :

[1] Collection H. C.

Du 20 décembre 1788, Macao.

MONSEIGNEUR,

La frégate anglaise la *Vestale* qui devait venir à Quanton n'y est pas arrivée, l'ambassadeur qu'elle portait étant mort dans le détroit de la Sonde vers le 15 juin; après l'y avoir déposé, elle en est repartie sur le champ pour l'Europe. Les Suédois qui ont parlé à la *Vestale* ont rapporté que cette frégate leur avait dit que la Cour d'Angleterre n'envoyait cet ambassadeur que parce qu'elle avait appris que les Français, par le moyen d'un missionnaire de Peking, avaient fait un traité de commerce avec les Chinois.

Les emploiés de la Compagnie anglaise ont paru très satisfait de ce que l'ambassadeur n'ait pu parvenir à Quanton; ils craignaient que son arrivée n'arrêtât leur commerce et n'empêchât l'expédition de leurs vaisseaux.

M. Galbert, ancien interprete du roi au Consulat de Quanton, était sur la *Vestale*.

Je suis avec respect, etc.

DE GUIGNES [1].

Quelle était la situation des étrangers à Canton, la seule ville de Chine où ils fussent autorisés à faire le commerce?

Il faut reconnaître tout d'abord que la présence des étrangers à Canton n'était tolérée qu'à titre précaire; aucun traité, aucun acte officiel ne l'autorisait. Ce n'était donc que le bon plaisir du gouvernement chinois ou plutôt celui des autorités de Canton qui réglait les rapports entre les Européens et les indigènes : c'est dire que ces rapports furent presque toujours médiocres, souvent mauvais, rarement bons. Le canon seul a ouvert à l'Occident le commerce dans les temps modernes, mais, au XVIIIe siècle, dans ces parages lointains, on ménageait les coups de canon, beaucoup plus utiles ailleurs.

Naturellement, il n'y avait pas comme aujourd'hui des droits d'exterritorialité qui garantissaient les étrangers contre la rigueur des lois chinoises, des usages locaux ou même contre des tortures fortuites; aussi ne se privait-on pas d'employer toutes sortes de vexations à leur égard, suivant les circonstances ou les besoins.

<hr>

[1] *Chrétien-Louis-Joseph* DE GUIGNES, né à Paris le 25 août 1759, † à Paris le 25 mars 1845; auteur du grand Dictionnaire chinois; fils du membre de l'Académie des Inscriptions et Belles-Lettres.

La province de Kouang toung, dont la capitale Kouang-tcheou est notre Canton, est administrée par un gouverneur général (*tsoung-tou*), qui régit en même temps la province limitrophe du Kouang-si. Pour ceux qui connaissent l'administration chinoise, mélange intéressant de centralisation dans la capitale et de décentralisation dans les provinces frontières, on se rendra compte de l'importance considérable du rôle du vice-roi des Deux Kouang (c'est ainsi que l'on désigne le Kouang-toung et le Kouang-si) quand on saura que toutes les affaires des pays limitrophes ou venant par mer du Sud-Ouest, c'est-à-dire l'Annam, et les pays d'Occident, c'est-à-dire l'Europe, devaient lui passer par les mains, et que la défense maritime aussi bien que terrestre de ces deux provinces lui incombe. Il est donc extrêmement important aujourd'hui pour nous, possesseurs ou protecteurs du Tong-King ou de la Cochinchine, d'avoir à Canton un agent consulaire intelligent et bien renseigné. Ce gouverneur général est aidé par un gouverneur (*fou-t'ai*), un trésorier (*fan-t'ai*), un juge (*nié-t'ai*), un contrôleur de la gabelle et un contrôleur d'impôt sur les grains : je laisse de côté les fonctionnaires d'un ordre moins important.

En dehors de ces grands fonctionnaires, celui qui avait à traiter directement avec les étrangers ou plutôt avec les Chinois, leurs intermédiaires, était le chef des douanes : le *Yué-Haï-Kouan-Pou*, que les étrangers désignaient sous le nom, dont l'origine n'est pas exactement connue, mais qui est probablement le nom même du ministère du cens ou des finances, *Hou-pou*, de «*Hoppo*» ou de *Houpou*. Ce fonctionnaire pouvait appartenir à différents grades, tantôt c'était un intendant (*tao-t'aï*); tantôt il était d'un grade moins élevé; on aurait pu faire remplir ce poste comme à Fou-tcheou par le général des troupes tartares. Il était désigné directement par la Cour de Pe-King.

C'était, en réalité, le Hoppo qui était le distributeur des grâces ou plutôt des droits et des charges dont était accablé le commerce étranger. Il ne faudrait pas croire, toutefois, qu'en se mettant simplement d'accord avec ce fonctionnaire, le commerce fût libre. En 1702, un seul Chinois qu'on désignait sous le nom de *Négociant de l'Empereur* fut choisi pour être le seul agent d'exportation et d'importation du commerce à Canton; c'était, en vérité, un directeur du commerce, mais qui ne put suffire à la besogne. On créa donc un certain nombre de négociants ayant seuls le privilège du commerce étranger, désignés en français sous le nom de marchands *hanistes*, et en anglais sous le nom de «*hong* merchants».

L'assemblée de ces marchands hanistes que présidait le hoppo, constituée en 1720, se nommait le *Co-hang*; le nombre de ses membres a varié suivant les époques : il était de 10 en 1787, lors du voyage de d'Entrecasteaux; de 12 en 1793, de 14 en 1808; il n'était que de 13 en 1834, lorsque cessa en Chine le privilège de l'East India Company.

L'un de ces marchands hanistes était généralement responsable au point de vue chinois du navire dont il était le consignataire. Aussi des habitudes se formèrent, chaque nation différente choisit comme correspondant commercial tel marchand haniste plutôt que tel autre; c'est ainsi qu'au commencement du xixe siècle, le plus célèbre de ces marchands, *Houqua*, était l'intermédiaire préféré des expéditeurs des États-Unis d'Amérique [1].

La tyrannie du Co-hang l'avait fait dissoudre en théorie en 1771 et à l'époque de la visite de d'Entrecasteaux, c'était *Pan-Ke-Koua* qui était le représentant le plus important et le plus autorisé de ces marchands privilégiés.

Naturellement, le privilège de ces hanistes comportait des droits et — disons-le — des pots-de-vin considérables payés au mandarin. Le gouverneur général et ses subordonnés, à court d'argent, avaient recours au hoppo, qui, obligé de faire face aux besoins de ses supérieurs, pressurait les hanistes : ceux-ci mettaient à contribution les étrangers pour couvrir par des emprunts intéressés les emprunts forcés auxquels ils étaient obligés de consentir. De là, de la part des nations étrangères, de formidables créances sur les marchands hanistes, qui s'abritaient autant que possible derrière les mandarins. Telle est l'origine des missions spéciales comme celle du chevalier d'Entrecasteaux.

Quelle était, d'autre part, la conduite du commerce du côté des étrangers?

Pour toutes les nations, sauf pour le Portugal, le commerce étranger était représenté par de grandes compagnies. La Couronne portugaise s'était réservé le monopole du commerce de l'océan Indien, qu'elle n'abandonna qu'une seule fois en 1731, pour per-

---

[1] Cf. Henri CORDIER, *Les Marchands hanistes de Canton*, Leide, 1902, in-8°.

mettre à un navire national de se rendre à Surate et à la côte de Coromandel. En 1752, le monopole royal cessa d'exister.

La Compagnie des Indes Orientales néerlandaises avait été constituée à la Haye, le 20 mars 1602, par la fusion de nombreuses associations particulières, de marchands de Zélande, de Rotterdam, d'Amsterdam, etc.

La première charte anglaise pour le commerce des Indes Orientales fut donnée le 31 décembre 1600 à la compagnie qui porta le nom de *The Governor and Company of Merchants of London trading to the East Indies.* Une première expédition anglaise, qui avait été organisée aux frais de sir Robert Dudley en 1596, périt en route, mais en réalité leur premier effort commercial en Chine date du voyage à Canton du capitaine Weddell en 1634. D'ailleurs leurs différentes compagnies de commerce, réunies en une seule dans les années 1702-1708-1709, allaient devenir la plus importante de toutes sous le nom populaire d'*East India Company.*

Les Danois créèrent des compagnies en 1612 et en 1670 ; leurs comptoirs de Tranquebar et de Scrampore furent cédés par eux à l'Angleterre en 1845.

Les Espagnols avaient transporté presque toute leur activité aux Philippines, où une première Compagnie royale avait été créée le 29 mars 1733 ; une autre porta le nom de Compagnie du Rosaire ; enfin une dernière Compagnie des Philippines, établie le 10 mars 1785, par Charles III, dura jusqu'en 1830. Ce fut à Amoy, dans le Fou-Kien, plutôt qu'à Canton, qu'ils témoignèrent d'une velléité de commerce en Chine qui périclita jusqu'au jour où l'émigration des coolies donna de l'importance au mouvement des passagers de l'Extrême-Orient à l'île de Cuba.

La Suède avait également son comptoir qui hérita d'un grand nombre des officiers de la Compagnie d'Ostende. Ce fut le roi Frédéric Ier qui accorda à Stockholm, le 14 juin 1731, une charte à la compagnie fondée par un sieur Henry Konig.

La charte de la Compagnie de Suède, renouvelée quatre fois, ne fut pas continuée après 1814 ; nous ferons remarquer qu'elle rendit les plus grands services à nos agents, et en particulier à La Pérouse. Souvent, pendant nos difficultés avec l'Angleterre, ce fut sur des vaisseaux neutres suédois que nous embarquâmes à Cadix l'argent destiné à notre établissement de Canton ⁽¹⁾.

⁽¹⁾ Henri Cordier, *Les débuts de la Compagnie royale de Suède en Extrême-Orient au XVIIIe siècle.* 1889, Paris, in-8°.

La Prusse, avec sa Compagnie d'Embden, faisait aussi des voyages à Canton; mais, des puissances allemandes, ce fut l'Autriche qui montra le plus d'activité avec ses deux Compagnies impériales. Celle d'Ostende, incorporée le 17 décembre 1722, cessa d'exister en 1793, après différentes péripéties, dont une faillite en 1784; l'autre était celle de Trieste. C'était à la Compagnie impériale que venait d'être cédé le comptoir français, lorsque le chevalier d'Entrecasteaux fut chargé de sa mission à Canton avec l'ordre de faire une enquête sur cette opération qui avait donné lieu à de fâcheux commentaires.

Les Américains étaient naturellement arrivés les derniers en Chine, et leur commerce, qui plus tard devait faire une si rude concurrence à celui de l'Angleterre, s'ouvrit par l'envoi à Canton du vaisseau *Empress of China*, commandé par John GREEN, qui mit à la voile de New-York le 22 février 1784, c'est-à-dire huit ans après la déclaration de l'Indépendance des États-Unis. Le major Samuel SHAW fut le premier consul américain à Canton. Les Américains y furent extrêmement bien reçus par nos compatriotes, et je trouve, dans la Correspondance des Affaires étrangères, des lettres de Thomas JEFFERSON remerciant le Cabinet de Versailles pour le bon accueil fait par les autorités françaises de Canton à ses nationaux [1].

Les étrangers ne pouvaient résider d'une manière permanente à Canton; leur séjour était limité à la durée de leurs opérations commerciales; ils ne pouvaient amener leur famille avec eux; il leur était interdit de franchir les limites du quartier des factoreries, c'est-à-dire de pénétrer dans la ville ou les faubourgs indigènes; il était défendu de leur enseigner la langue chinoise, etc. Après chaque expédition, les étrangers retournaient à Macao, qui se trouvait être ainsi le port d'attente de Canton.

Il y avait donc en quelque sorte vie double et, par suite, dépenses doubles, pour un agent étranger en Chine. Dès que l'expédition des navires était terminée à Canton, il était obligé par les Chinois de descendre à Macao. On peut dire qu'il passait la moitié de l'année à Canton et l'autre moitié à Macao; d'où nécessité d'une maison à Canton, d'une autre à Macao; par suite, obligation d'avoir deux gardiens. Il fallait tenir compte du double voyage annuel de Canton à Macao et de Macao à Canton. Avec les frais de nourriture, etc., on arrivait facilement à un chiffre de 15,000 livres tournois.

[1] Henri CORDIER, *Américains et Français à Canton au XVIII⁰ siècle*. Paris, 1898, pièce in-4°.

Examinons maintenant quelle était la situation de la colonie et du commerce français à Canton.

Lorsque la Compagnie des Indes fut dissoute le 6 avril 1770, la création d'un consulat à Canton fut décidée; une ordonnance royale du 3 février 1776 fut rendue en conséquence : le sieur Vauquelin fut nommé consul, et le sieur Philippe Vieillard, chancelier; Vauquelin étant mort le 23 septembre 1782, Vieillard devint vice-consul [1].

Malgré des circonstances souvent adverses, une direction parfois ignorante et négligente à Paris, des agents médiocres, pour ne pas dire plus, à Canton, le commerce de l'ancienne Compagnie des Indes fut toujours fructueux en Chine.

La guerre d'Amérique avait porté un coup funeste à notre commerce en Chine; les autres nations avaient pris notre place dans les rares marchés d'Europe que nous laissait comme un os à ronger l'Angleterre, pour y porter des produits de Chine : par exemple, la Flandre, à laquelle nous fournissions le thé, où les Impériaux s'étaient substitués à nous.

En Chine, les glaces, les draps et lainages venus de France avaient augmenté considérablement de prix; la guerre avait fait le bénéfice des Portugais ainsi que de la Compagnie suédoise, mais les droits prélevés par la Couronne de Portugal étaient si considérables qu'ils ne pouvaient lutter avec leurs concurrents.

Immédiatement après la signature du traité de Versailles en 1783, le roi de France chercha à renouveler son commerce de Chine, dont il avait accordé le privilège, par arrêt du Conseil d'État, au sieur Grand Clos Meslé; voici d'ailleurs le projet de cet arrêt [2] :

Le Roi s'étant fait représenter l'arrêt de son Conseil, du deux février dernier, qui a autorisé le sieur Grand Clos Meslé à emprunter, pour le compte de Sa Majesté, soit à la grosse, soit de toute autre manière convenable, jusqu'à concurrence d'une somme de trois millions, pour être employée à faire le fond d'une expédition de commerce pour la Chine : Sa Majesté a reconnu que cette première expédition, dont elle a confié la direction audit sieur Grand Clos Meslé, ne remplissoit qu'imparfaitement ses vues et que, si, elle laissoit la liberté indéfinie d'expédier des navires

[1] *Le Consulat de France à Canton au xviii* siècle*, par Henri Cordier. Leide, 1908, in-8°.
[2] Collection H. C.

pour la Chine, les armateurs se ruineroient réciproquement par une concurrence sans bornes. Néanmoins, dans l'intention où est Sa Majesté de
laisser à ses sujets tous les avantages qu'ils pourroient trouver dans cette
branche de commerce, elle a pensé qu'en chargeant un armateur de la
Direction des nouveaux armemens et en permettant aux particuliers de s'y
intéresser, elle concilieroit la protection qu'elle doit à ses sujets avec les
précautions qu'elle a cru nécessaires pour assurer les approvisionnemens en
cette partie. Et Sa Majesté ayant lieu d'être satisfaite du choix qu'elle a
déjà fait du sieur Grand Clos Meslé, elle a jugé à propos de lui confier
encore la Direction des nouvelles opérations qu'elle a résolues, à quoi vou-
lant pourvoir, ouï le rapport du sieur Lefevre d'Ormesson, conseiller d'État
ordinaire, et au Conseil Royal, Contrôleur Général des finances, Le Roi,
étant en son Conseil, a ordonné et ordonne ce qui suit.

Article premier.

Le Roi a accordé et accorde, pour l'avenir, au sieur Grand Clos Meslé,
le privilège des expéditions et retours du Commerce de la Chine; veut
neanmoins Sa Majesté que ceux de ses sujets qui voudront participer aux
bénéfices de ce commerce puissent s'y interresser soit par actions, soit à la
grosse, ou autrement.

II

Sa Majesté autorise ledit sieur Grand Clos Meslé à acheter ou à faire
construire dès à présent les batimens convenables pour chaque Expédition;
l'autorise de même à acheter ou à faire fabriquer dès à présent les marchandises qui doivent former les cargaisons.

III

Le produit des cargaisons de retour, ensemble les Bâtimens, agrès et
apparaux demeureront spécialement affectés aux remboursemens des capi-
taux et des bénéfices apartenant aux intéressés.

IV

En conséquence des dispositions portées au présent arrêt et jusqu'à ce
qu'il en ait été autrement ordonné par Sa Majesté, il sera sursis à la déli-
vrance des permissions qui pourroient être demandées pour le commerce de
la Chine, par des armateurs particuliers, soit en France, soit aux Isles
de France et de Bourbon.

Fait au Conseil d'État du Roi, Sa Majesté y étant, tenu à Versailles le.....
1783.

On put craindre dès 1785 que la paix de l'Europe ne fût de
nouveau troublée; l'empereur Joseph II était en difficultés avec la

Hollande; une guerre générale pouvait en résulter. L'Angleterre, en prévision d'une lutte qui lui fermerait les marchés de l'Extrême-Orient, à la grande inquiétude de la France, forçait ses approvisionnements de thé et laissait entrevoir d'alarmantes visées politiques. Sur 48 vaisseaux venus d'Europe en 1786, 29 étaient anglais, un seul français; ces navires descendaient le **Tigre**, lorsque d'Entrecasteaux arrivait à l'embouchure de ce fleuve. Voici ce qu'était alors la valeur de ce commerce anglais comparé au nôtre :

Un tableau de balance fait monter l'importation des marchandises anglaises en 1786, sur 29 vaisseaux tant d'Europe que de la côte à 30,500,000ₜₜ.

Il a été exporté sur ces mêmes vaisseaux des marchandises de la Chine pour 49,612,500ₜₜ, d'où il résulte que la Compagnie anglaise est redevable aux marchands chinois de 19,102,560ₜₜ.

La Compagnie française n'a importé que pour 941,835ₜₜ de marchandises sur un seul vaisseau. Sur 92 vaisseaux tant d'Europe que de côte qui ont paru en Chine, il y en a 52 anglais.

Avec une légèreté inconcevable, avant même que la liquidation de la Compagnie des Indes fût terminée, M. de Calonne fondait une nouvelle compagnie le 14 avril 1785. Au dire de d'Entrecasteaux, une nouvelle Compagnie était créée «dans la vue de prévenir les abus qu'une liberté trop indéfinie dans le commerce pourrait occasionner». C'était l'établissement de cette nouvelle compagnie, plus encore que le départ de notre représentant Vieillard, qui devait amener la transformation du consulat de Canton en simple agence du roi. Un traité de commerce et de navigation signé le 26 septembre 1786 entre la France et l'Angleterre, plus favorable aux Anglais qu'aux Français, n'améliorait pas notre situation commerciale.

D'Entrecasteaux ne me paraît pas autrement confiant dans notre commerce avec la Chine; nos articles d'exportation ne peuvent entrer en balance avec les marchandises que nous venons chercher à Canton; le nombre restreint de nos navires augmente les frais, l'inondation des produits anglais fait diminuer les prix; il faudrait déplacer notre commerce de Canton plus au Nord; on ne songe pas encore à la vallée du Kiang, mais déjà Amoy, sur la côte du Fou-Kien, a permis aux Espagnols de faire un commerce relativement indépendant. Les Anglais qui, après les Portugais, se sont rendus maîtres du commerce de Canton, de façon à l'empêcher de se répandre dans l'intérieur, ne montrent aucune influence dans les autres points maritimes; par suite, il était possible, soit par Amoy, soit par un autre point, de déplacer un centre commercial trop particulier.

La colonie française de Canton avait à sa tête le vice-consul Philippe VIEILLARD, fils d'un médecin de la Faculté de Paris, alors âgé de 42 ans. Il vivait avec une Portugaise, dont il avait cinq enfants et qu'il abandonna avec la plus grande désinvolture, sans avoir tenu un engagement de lui payer 2,000 piastres[1]. On le retrouvera jouant un rôle comme électeur à Paris pendant la Révolution. Paul-François COSTAR, second de Vieillard, était d'un an plus âgé que lui : il était fils d'un secrétaire général de la Compagnie des Indes; il avait reçu l'ordre de remettre tous les papiers de la Chancellerie à de Guignes, qui était tenu d'en faire un inventaire avant de les recevoir. On avait eu d'abord l'idée d'embarquer Costar sur la *Subtile* pour le ramener en Europe, mais il avait des intérêts à Macao, et on laissa une lettre à M. de Montigny pour prier ce dernier de laisser monter le chancelier sur le premier bateau à destination de France. L'interprète, Jean-Charles-François GALBERT, avait 30 ans; fils d'un ancien subrécargue de la compagnie, il paraît un peu moins fou que ses compagnons. Le jeune DE GUIGNES, âgé de 28 ans, fils d'un homme célèbre, membre de l'Académie des Inscriptions et Belles-Lettres, arrivait trop récemment pour être d'une utilité sérieuse; cependant, faute de pouvoir nommer deux autres Français de Canton, SÉBIRE et BOURGOGNE, qui auraient été de meilleur choix, quoiqu'ils fussent criblés de dettes, d'Entrecasteaux nomma agent du roi DE GUIGNES, qui, probablement fort surpris de la chose, demanda confirmation de son mandat au Ministre, par lettre datée de Canton, le 1er mars 1787; il est vrai que d'Entrecasteaux ignorait à ce moment que LA PÉROUSE avait eu à se plaindre de De Guignes à Macao, et le grand navigateur ne manqua pas de manifester son étonnement d'un choix semblable. Plus tard, on songea à réduire les attributions de De Guignes en lui laissant son simple rang d'interprète et en confiant le rôle d'agent du roi aux agents mêmes de la Compagnie, c'est-à-dire aux premiers subrécargues, mieux placés pour avoir des renseignements.

[1] Lettre écrite par Costar à d'Entrecasteaux; Macao, 19 février 1787.

D'autres Français se trouvaient à Canton, d'abord les deux subrécargues de la Compagnie, mais, nous dit La Pérouse : «ils sont fous. Le premier, M. Thérieu, s'est brûlé la cervelle; et M. Desmoulins, le second, a fait plusieurs actes de folie qui, en Europe, l'auraient fait renfermer; néanmoins il reste chargé d'assez grands intérêts, parce que personne ne s'est cru suffisamment autorisé pour le destituer». D'Entrecasteaux ne paraît pas avoir partagé l'opinion de La Pérouse au sujet de Desmoulins.

Bourgogne, autre Français, âgé de 37 ans, était passé subrécargue au service des Impériaux; il émettait d'ailleurs des prétentions de propriétaire de la factorerie française.

Laissons de côté deux ou trois domestiques, et nous aurons la liste à peu près complète de la colonie française à l'époque. C'était médiocre, et il était impossible à M. d'Entrecasteaux, en moins d'un mois, de rendre à cette colonie le prestige qui lui manquait totalement. Je laisse naturellement de côté les missionnaires. Je comprends donc fort bien que La Pérouse n'ait pas été enchanté de la réception des agents français, de Vieillard qui préparait son départ et de De Guignes qui restait à Macao, sans maison montée et presque sans argent. D'ailleurs, au moment de l'arrivée de d'Entrecasteaux, la colonie française était complètement désorganisée. Vieillard, malade ou se disant malade, avait demandé son rappel par la lettre suivante :

Consulat de Chine.
Le Vice-Consul demande
        son rapel.
        N° 18.   Canton, 5 janvier 1785.

Monseigneur,

Ma santé est considérablement altérée par un séjour de seize années consécutives dans ces climats brûlants, elle ne me permet pas de prolonger ma résidence plus longtems, sans courir les risques d'une ruine totale : je pourrais encore alléguer à Monseigneur que mes affaires de famille nécessitent ma présence en Europe. Ces motifs que j'ai l'honneur de remettre sous vos yeux me sont un sûr garant que Monseigneur voudra bien m'accorder mon rappel. Je ferai tout ce qui dépendra de moi pour prolonger mon séjour jusqu'au moment où je dois esperer que Monseigneur voudra bien m'accorder la grâce que je prends la liberté de lui demander;

mais si. contre mon attente, ma santé ne me permettait pas de prolonger mon séjour encore deux années, j'ai l'honneur de vous donner avis, Monseigneur, que dans la supposition de mon départ pour l'Europe, la saison prochaine, pour consolider les affaires du Consulat de Canton. je me propose d'adjoindre M. Sébire l'aîné fils, l'exemple de M. le Chevalier de Robien qui a mérité le suffrage de Monseigneur de Sartine dans une nomination de cette nature, m'est un sûr garant que je ne suivrais en me conduisant de la même manière les règles de la prudence, et les qualités personnelles du sieur Sébire, son âge et son expérience me persuadent que je ne peux faire un meilleur choix et que ma conduite méritera l'approbation de Votre Excellence.

Je suis avec respect, Monseigneur, votre très-humble et très-obéissant serviteur.

VIEILLARD.

Monseigneur le Maréchal de CASTRIES.

Vieillard avait dû partir de Macao avant même l'arrivée de La Pérouse pour se rendre à Canton où il devait s'embarquer à bord du navire anglais, le *Vansittart*, cap. Lewin, le 15 février. L'arrivée de La Pérouse l'obligea de remonter à Canton avec son chancelier Costar qui l'avait accompagné. Vieillard craignait beaucoup l'impression que pouvait produire son retour soudain à Canton; il vit d'Entrecasteaux à bord de son vaisseau. De Guignes était resté à Macao avec les papiers de la chancellerie du consulat. Et, au milieu de ce désarroi, le principal agent de la compagnie à Canton, M. DE MONTIGNY, n'était pas en Chine. D'Entrecasteaux avait d'ailleurs écrit à Vieillard, à Canton, pour lui annoncer que M. HAUMONT DU TERTRE se rendait auprès de lui pour obtenir le remboursement des sommes dues aux Français; le chevalier remarque qu'il n'a qu'un court séjour à faire en Chine, que l'affaire doit être brusquée, et que, malgré cette précipitation, le pavillon du Roi ne doit pas être compromis; l'établissement d'une nouvelle Compagnie n'exige plus la présence d'un consul; Vieillard pourra donc, ainsi que les officiers de sa chancellerie, rentrer en France; Vieillard n'avait pas attendu la permission de d'Entrecasteaux pour quitter son poste. Il prendra même à son bord ses agents jusqu'à Pondichéry; il ne restera plus à Canton qu'un agent et son interprète. Quel agent? Quel interprète? Que le vice-roi ne s'étonne pas de le voir entrer dans la rivière avant d'en avoir obtenu la permission : eau et vivres leur manquant, il leur était nécessaire de ne pas attendre. La hâte de d'Entrecasteaux ne lui permettait pas, pour monter de Macao jusqu'à la rivière de Canton, de discuter pour obtenir des pilotes; aussi fit-il passer son bateau, la *Résolution*, pour la *Reine*, bateau attendu à cette époque de l'île de France, et la *Subtile* fut baptisée *Sainte-Anne:* le stratagème était plus habile que digne.

Mais le but principal de la mission de d'Entrecasteaux était d'obtenir le règlement des sommes considérables dues par les Chinois aux négociants français, d'examiner les griefs nombreux du commerce étranger et, d'une manière générale, de recueillir tous les renseignements utiles à la France et de faire tout ce qui était en son pouvoir au mieux des intérêts de notre pays, suivant les circonstances. Les instructions, datées de Versailles, le 17 février 1786, furent envoyées à d'Entrecasteaux, à Pondichéry. D'ailleurs il devait être considéré par le consul de Canton comme commissaire du roi. Il est certain que d'Entrecasteaux n'avait pas le temps nécessaire d'examiner le bien fondé des créances françaises, pas plus qu'il ne pouvait, sans avoir recours à la force, c'est-à-dire sans engager le pavillon du roi, exiger des Chinois le règlement de leurs dettes.

Dans une lettre au maréchal de Castries, écrite de Canton, le 31 décembre 1782, par VIEILLARD, qui faisait fonction de consul, à M. de la Croix de Castries, notre agent marquait la décadence du commerce et le peu de crédit des hanistes :

MONSEIGNEUR,

Je ne dois pas vous laisser ignorer les différentes révolutions que le commerce de ce pays a éprouvées depuis plusieurs années, sa décadence, son peu de sûreté depuis 1779. Jusqu'à ce moment, la guerre a occasionné des révolutions qui ont contribué à porter le coup mortel à plusieurs marchands hannistes de façon que le nombre de ces marchands privilégiez par le Gouvernement, pour traiter avec les Européens, étoit réduit à cinq, dont deux d'une faiblesse si grande qu'il y avoit tout lieu de craindre une banqueroute totale. Les principaux mandarins, pour pallier le mal, ont augmenté le nombre de ces hannistes jusqu'à dix; ils ont eu attention de choisir cinq nouveaux sujets dont la pluspart sont plus connûs par leur richesse que par leur intelligence. Le commerce se fait donc avec plus de sûreté, plus de promptitude que les années antécédentes, mais Monseigneur, les Mandarins n'ayant pas renoncé aux extorsions pour lesquelles ils ont un goût aussi difficile à décrire qu'à éteindre, ce remède n'est que momentané, et il y a tout lieu de craindre pour les suittes les mêmes révolutions que le commerce a déjà éprouvées, l'avarice insatiable des mandarins qui exigent des marchands les mêmes droits sur quatorze vaisseaux que sur trente, qui arrachent des sommes d'argent pour les offrir à l'empereur, pour enrichir leur famille, pour achetter leur innocence, la Cour ne manquant pas de les trouver coupables s'ils sont riches, telle a été jusqu'à ce moment la cause des désastres que le commerce de la Chine a éprouvés, et la cause ne cessant pas il y a tout à craindre que les effets ne se fassent ressentir avant peu, surtout si les vaisseaux n'abordent pas plus par les suites que cette année et l'an dernier pour avoir toujours les mêmes sommes à offrir à l'Empereur. Le hopou ou intendant des Douannes de Canton a exigé des marchands hannistes une somme de six mille piastres par chacun d'eux et a doublé les droits d'entrée et de sortie sur les marchandises importées et exportées par les Européens. De toutes les nations commerçantes à la Chine, les Danois sont ceux qui ont tiré le party le plus avantageux des circonstances actuelles. Les Directeurs de cette Compagnie ont donné plein pouvoir aux premiers supercargues qu'ils envoyent sur leurs vaisseaux pour seconder ceux de résidence à Canton de traitter les affaires de leurs vaisseaux au plus grand avantage de leur Compagnie, de faire dans les mers des Indes toute operation qu'ils jugeraient avantageuse. Cette confiance s'étend sur les résidens à Canton, et a produit les meilleurs effets. Deux vaisseaux danois destinés pour Chine passant par Tranquebar ont été détenûs au Cap par l'escadre françoise, un a vendu toute sa cargaison à un prix fort avantageux, l'autre instruit que la Compagnie hollandoise avoit interrompu tout commerce avec les Chinois, est allé à Batavia, et est arrivé à Canton immensément riche en calain, poivre, cloux de gerofle, muscades, ailerons de requain, nids d'oiseaux, Bitchos de mare, or et argent. Les résidents danois ayant vû, dez l'an dernier, que les matières d'argent étoient extrêmement rares ont de leur côté fait une souscription de cinq cent mille piastres à Bombay payables en Europe en lettres de change, au change de cinq shillings 8. pennys, et les Anglois ont rempli cette souscription partie par les remises qu'ils ont faites en or, argent et marchandises par les vaisseaux de Macao, et par le reversement en partie dans la caisse danoise du produit de la cargaison des deux vaisseaux particuliers venus cette année de Bombay.

Voici d'ailleurs l'état du commerce des autres nations:

Le commerce suédois auroit été plus avantageux pour la Compagnie si elle n'étoit pas restée débitrice d'une somme de deux cent cinquante mille piastres qu'il a fallû solder cette année avec six cent mille piastres venûes partie de Suède, partie de Hollande, pour former la cargaison de trois énormes vaisseaux, vû que d'ordinaire chaque cargaison sortant de Chine est estimée année commune de 250 à 280 mille piastres. Les emprunts en lettres de change n'ayant pas pû couvrir le defficit de fonds, la Compagnie suédoise a été encore forcée de recourir aux Chinois, mais si cette Compagnie suit ce même sistème plusieurs années, elle traitera necessairement avec un desavantage si marqué qu'il y a tout lieu de craindre qu'elle ne soit forcée de restreindre ses armemens pour Chine. La Compagnie angloise jusqu'à cette époque n'a expédié aucun vaisseau pour Chine en droiture, ou du moins aucun n'est arrivé, et nous n'avons pas de connoissance de leur départ d'Europe. Quatre sont arrivés de la côte de Malabarre, le *Loko*, capitaine LAWSON, l'*Essex*, capitaine AROWER, l'*Asia*, capitaine MAW, l'*Orteley*, capitaine ROGERS. Ces cinq vaisseaux ont passé par le détroit de Mala, ont essuyé le feu de la frégatte *La Pourvoyeuse*, et ont eu le bonheur d'échaper, ils sont arrivés à Wampou, et sont sur le point de partir. Ces vaisseaux étoient extremement riches, ils ont versé au trezor de la Compagnie angloise la valeur de dix-huit cent mille piastres. Leurs cargaisons étoient faites et dans les magazins de la Compagnie à Canton dez l'année dernière et ils ont encore onze cargaisons en thé Bouy Camphou, Songlo et Tunkaie, suivant les ordres que le Conseil a reçus l'an dernier des directeurs de la Compagnie angloise.

Les Hollandois ont cessé leur commerce avec la Chine depuis la nouvelle des hostilittés entre l'Angleterre et la République. Les Impériaux ont expédié deux vaisseaux pour Chine, les supercargues chargés de l'expédition de ces vaisseaux ont reçu une lettre dattée de la latitude de Palosapate par un vaisseau danois venû en compagnie avec ces mêmes Impériaux, par laquelle le Commandant annonce qu'il rebanquera probablement vers Malac s'il ne peut acoster la Chine, et jusqu'à ce moment comme ils n'ont pas parû il y a tout à presumer qu'ils auront pris ce dernier party.

Le C^to. Pierre de PROLI a équipé à l'Isle de France un vaisseau pour Chine et fretté conjointement avec M. DARIFAT deu vaisseaux portugais également pour Chine, ces deux derniers vaisseaux passant par Manille. Le premier est arrivé après avoir entamé une opération des plus malheureuses, le second est attendû, et, si les apparences ne me trompent pas, cette opération doit être mise au rang de celles mal concertées et conséquemment très peu fructueuses, pour ne pas dire ruineuses.

L'interruption du commerce françois doit nécessairement influer sur les opérations futures; il est donc de mon devoir, Monseigneur, de vous prévenir que les draps et autres lainages fabrique françoise sont à très haut prix à la Chine, les glaces sont montées à un prix exorbitant, et au retour de la paix, ces marchandises étant de bonne qualité, les négociants qui spéculeront sur ces objets feront le double bénéfice de procurer une exportation et plus grande pour les manufactures, et plus lucrative pour les acheteurs, ayant soin toutefois de n'importer que des lainages d'une bonne qualité chacun dans leur genre.

Les Portugais profitent des circonstances de la guerre pour forcer le commerce de Chine, mais les négociants sont assujettis à payer en Portugal des droits si énormes qu'il n'est pas probable qu'ils puissent continuer à pousser leurs opérations avec la même vigueur que les Compagnies du Nord. En tems de paix les Portugais expédient un vaisseau d'Europe, quelquefois deux, et très souvent point du tout; des sept vaisseaux actuellement à Macao, trois seulement ont été expédiés d'Europe, un freté par les François et trois autres sont expédiés par les Anglois qui ont fourni les fonds partie à la grosse, partie à fret, et partie en action d'intérêt, le huitième attendû de Manille est freté par les François.

D'ailleurs la situation des Français à Canton, fonctionnaires ou marchands, n'était rien moins que claire; la factorerie française avait été cédée à la Compagnie impériale (autrichienne) par notre vice-consul Vieillard, qui n'en était nullement dépositaire et me paraît avoir été un fort vilain monsieur. D'Entrecasteaux constata qu'il ne restait rien dans la caisse du consulat de Canton. Vieillard déclarait, au 15 janvier 1787, qu'il était « créancier pour ses dépenses jusqu'au 15 février d'une somme de dix-sept cent quarante-quatre livres 16 sous 9 deniers ». Notre consul s'entendait secrètement avec Pan Ke Koua, et l'absence seule de preuves authentiques empêcha d'Entrecasteaux de porter plainte contre cet agent. D'Entrecasteaux avait dû se renseigner sur le prix de deux glaces arrivées sur la *Dryade* et vendues aux mandarins pour être envoyées en présent à la Cour de Pe-King. Or il semblerait que Pan Ke Koua aurait mis d'Entrecasteaux au courant de certains agissements de Vieillard. Il serait parvenu à sa connaissance que les deux glaces envoyées de France en 1783 et qui sont portées sur le compte de 1784 pour 11,416^{tt} ont été payées en Chine 81,000^{tt}. Sur le même compte, il est porté 44,012^{tt}, 14^s comme remboursement au Cohang pour avoir été reçu de trop sur le prix des gravures représentant les Victoires de l'Empereur. M. d'Entrecasteaux a des raisons de croire que ce remboursement n'a pas eu lieu; il a laissé des ordres pour que l'on prenne à cet égard des renseignements de Pan Ke Koua, et il les transmettra au Ministre dès qu'il les aura reçus. Il a également entrevu des manœuvres de la part du Sr Vieillard dans la cession qui a été faite de la Compagnie impériale du Hong ou factorerie française.

Un autre Français, Bourgogne, émettait la prétention d'être propriétaire du local; la Compagnie impériale venant de faire faillite, il eût été facile à notre propre Compagnie d'en faire le rachat. En tous les cas, pour garder nos droits sur la factorerie, d'Entrecasteaux écrivait au P. de Grammont de prier le vice-roi de Canton d'en suspendre la cession à qui que ce soit jusqu'à l'arrivée de M. de Montigny, qui le réclamera s'il le juge à propos. La vérité est que, lorsque le privilège de la Compagnie des Indes avait été suspendu en 1769, le roi s'engagea à payer toutes ses dettes : les établissements, les objets mobiliers, etc., étant cédés. Le hong français appartenait donc au roi qui désirait le réserver pour la résidence des agents du commerce français. Par suite du manque d'installation à Canton, notre consul dut y demeurer, mais c'était bien propriété royale, et pas plus notre consul que toute autre personne n'avait le droit d'en disposer en faveur d'un tiers, que ce tiers fût même une nation amie ou neutre : le hong français aurait dû être cédé par Vieillard aux agents de Grand Clos Mélé, lors de l'expédition de 1783. Notre consul prétendait avoir occupé le local avec plusieurs négociants, et ensuite pour son compte personnel, jusqu'en 1782. S'étant trouvé ensuite à court d'argent, il avait, disait-il, cédé *sa* propriété aux Agents de la Compagnie impériale.

L'un des objets de la mission de d'Entrecasteaux était de régler la question du consulat de Canton. Le départ de Vieillard et de Galbert ne laissait plus au consulat que le chancelier Costar et le second interprète De Guignes, qui touchaient l'un 2,000 livres, l'autre 1,000 livres. L'établissement d'une nouvelle Compagnie des Indes ayant le privilège exclusif du commerce à la Chine, on décida que l'on ne conserverait plus à Canton qu'un agent et un interprète tout à fait indépendants de la Compagnie. D'Entrecasteaux était chargé du choix de l'agent, dont le traitement ne pouvait dépasser 4,000 livres et l'interprète 2,000 livres. D'Entrecasteaux était autorisé à prendre De Guignes pour cette dernière position, s'il n'y voyait pas d'inconvénient. D'ailleurs, l'agent du roi ne devant avoir aucun point commun avec la Compagnie des Indes et n'ayant aucune action à exercer sur elle, son rôle devait se borner à renseigner le Gouvernement sur les agissements des subrécargues et officiers de cette Compagnie.

Parmi les choses secondaires sur lesquelles on attirait l'attention de d'Entrecasteaux étaient l'incident de la *Lady Hughes*[1], les affaires religieuses, et enfin l'ordre déjà rappelé du gouverneur de Macao, interdisant le séjour dans cette ville à d'autres agents français que ceux du consulat.

D'Entrecasteaux s'adressait à trop de personnes à la fois officiellement et officieusement : Vieillard, Haumont, De Guignes, Desmoulins, le P. de Grammont, Pan Ke Koua ; il s'adressait, pour agir auprès du vice-roi de Canton, à des gens sans situation officielle, c'est comme si un ambassadeur étranger en France, cherchant à se mettre en rapports avec un ministre, s'abouchait avec un chef de bureau ou le président de la chambre de commerce du port auquel il accoste. L'erreur de d'Entrecasteaux fut d'ailleurs celle de ses prédécesseurs ; on pourrait croire qu'il y a habileté à traiter avec des fonctionnaires subalternes plutôt qu'avec de hauts dignitaires pour arriver à un résultat pratique et ne pas être arrêté par de vaines démonstrations courtoises. L'expérience a démontré, en Chine comme en Orient, que pour frapper juste il fallait frapper à la tête. En 1842, à Nanking, les Anglais ; en 1860, à Péking, les Anglais et les Français, arrachèrent à la Chine ce que n'avaient pu obtenir des siècles de négociations et de patience. Aucun Européen n'est de taille à lutter avec un Asiatique en discours et en ténacité : l'Oriental le sait fort bien, il compte sur le temps, les drogmans et les belles paroles pour obtenir ce que la force ne pourrait lui donner. Il ne me coûte rien de dire que c'est par le canon seul que l'on fait entendre d'une façon efficace sa voix dans l'Extrême-Orient.

Quel avait été le résultat de la mission de d'Entrecasteaux ? Tout avait concouru à en abréger la durée à Canton : le changement prochain de mousson, le rendez-vous donné à Pondichéry en avril à tous les vaisseaux de sa station, l'absence du gouverneur général et du gouverneur de Canton, par suite l'impossibilité de traiter avec un fonctionnaire d'un rang suffisamment élevé. Le chevalier était donc obligé de remettre en d'autres mains les intérêts qu'il était obligé de représenter : au missionnaire Jean de Grammont il confiait le soin de faire connaître à Pe-King ses renseignements sur les agissements supposés des Anglais, et de surveiller le règlement des créances des négociants français ; au jeune

---

[1] Un canonier de ce navire anglais, ayant été la cause involontaire de la mort d'un Chinois, fut remis par ses chefs aux Chinois qui l'exécutèrent (1784).

M. de Guignes il laissait l'honneur et les difficultés du double
poste d'agent et d'interprète du roi que la création d'une nouvelle
Compagnie des Indes ainsi que le départ du vice-consul Vieillard
et du chancelier Costar permettaient de remettre entre les mains
d'un seul homme. Le commandant de la *Subtile*, le vicomte de la
Croix de Castries, laissé par d'Entrecasteaux, devait présenter au
gouverneur de Macao M. de Guignes comme agent du roi.

En quittant Canton, d'Entrecasteaux se promettait d'ailleurs
d'envoyer une frégate à Canton à la prochaine mousson, pour savoir
auprès de M. Desmoulins, agent de la Compagnie française, si
toutes les questions en suspens étaient liquidées. Il recommandait
au P. de Grammont de conserver le secret de toute cette affaire :
« Pas un mot aux Portugais, aux Propagandistes, qui pourraient
par leurs lettres la divulguer à Macao et à Canton. »

Le vicomte de SAINT-RIVEUL restait commandant en chef de la
station après d'Entrecasteaux.

APPENDICE.

I

8 février 1787. Duplicata n° 1er.

Devant MACAO, le lendemain de notre arrivée, après 68 jours de traversée
depuis notre départ de BATAVIA[1].

MONSEIGNEUR,

Je m'empresse de vous envoyer la carte que j'ai fait dresser sous mes
yeux de la route de la *Résolution* par les détroits de Macassar, Gilolo et Pitt.
La seconde partie, où doit se trouver le reste de notre route jusques en
Chine, et qui est également intéressante, parce que cette étendue de mers
est peu connue, n'est pas terminée encore; dès qu'elle sera finie, j'aurai
l'honneur de vous l'adresser avec le journal nautique de cette traversée,
et j'y joindrai une instruction sur la manière de naviguer le long de la
côte de Bornéo.

Je crois pouvoir assurer, Monseigneur, que ceux qui voudront suivre désormais la même route auront, avec ces différentes instructions, beaucoup
plus de facilités que je n'en ai eu moi-même : sans cartes (car celles des Hol-
landais que j'aurai l'honneur de vous adresser, sont plus mauvaises qu'il n'est

[1] Archives du département des Affaires étrangères : *Indes orientales, Chine,
Cochinchine*, vol. V. Pièce 8.

possible même de le supposer); sans cartes, dis-je, et sans renseignements, cette campagne a été très épineuse; je me suis trouvé dans des situations véritablement embarrassantes : environné d'écueils de toutes parts, au milieu desquels j'étois parvenu pendant une brume très épaisse, j'ai été pendant deux fois vingt-quatre heures cherchant un passage, et le seul que je pouvois espérer de rencontrer étoit précisément celui d'ou venoit le vent; enfin j'ai eu le bonheur d'en sortir. Arrivé jusques au Nord de Celebes, après avoir éprouvé des contrariétés étonnantes dans le détroit de Macassar, et n'ayant plus que 20 lieues pour m'élever à la hauteur de Gilolo, la mousson du N. E. s'est déclarée avec une violence qui ne me laissoit plus l'espoir de pouvoir passer au Nord de cette isle; dans cette position j'ai pris le parti (et il m'a parfaitement bien réussi) de redescendre par le détroit de Gilolo, de traverser les Moluques, et d'entrer dans la mer du Sud par le détroit de Pitt; de là courant à l'E. 1/4 N. E., j'ai rencontré très inopinément, et par un vent impétueux, de nouvelles isles sur lesquelles une heure de nuit de plus nous aurait fait faire naufrage infailliblement, le désir, ou plutôt la nécessité de parvenir promptement à ma destination, ne me permettoient pas de prendre les précautions auxquelles n'ont pas manqué de se conformer ceux qui ont fait une route à peu près pareille. Jusques à la hauteur des Isles Mariannes, cette étendue de mers est semée d'isles et d'écueils au travers desquels il est peu prudent de naviguer la nuit, mais il falloit arriver, et par conséquent fermer un peu les yeux sur les inconvénients d'une trop grande précipitation.

Nous voila cependant enfin heureusement arrivés à Macao, je désire à présent, plus que je n'espère, le succès de l'objet pour lequel j'y suis envoyé. J'ai l'honneur de vous adresser copie des deux lettres que j'avois préparées d'avance pour le Consul et pour le Vice-roi. M. Vieillard, qui est embarqué déjà, et prêt à mettre à la voile, est venu à mon bord; j'ai conféré avec lui quelques instans sur l'objet de ma mission; il m'a annoncé d'avance que la lenteur des Chinois dans des affaires de cette nature devoit, ainsi que je m'en doutois, me faire perdre toute espérance de terminer, et peut-être même d'entamer cette affaire dans le peu de tems que j'avois à demeurer en Chine; mais il pense que la présence de deux bâtiments de guerre ne peut, dans tout état de cause, que produire un bon effet. Il croit aussi qu'il est nécessaire d'envoyer l'année prochaine de nouveaux bâtiments, et que cette annonce seroit le plus sûr, ou du moins le seul moyen d'obtenir quelque satisfaction. Je viens d'écrire à Mrs Costar, De Guignes et Bourgogne, qui sont actuellement à Macao, et d'où ils n'obtiendroient pas l'agrément de retourner à Canton, de venir à mon bord pour remonter la rivière avec moi. C'est par le conseil de Mr Vieillard que j'ai pris le parti de leur mander de se rendre à bord, parce qu'il n'y a actuellement d'autre moyen pour eux d'aller à Canton, et que, parmi les Français qui y sont encore, il n'y en a point qui pût m'être d'aucun secours.

J'attens avec impatience les pilotes qui doivent nous entrer dans la rivière. Ils sont tous actuellement occupés à redescendre les v^{aux} anglais, dont le nombre a été de 29 cette année: il en reste 10 encore qui sont au moment de partir. Notre commerce est bien misérable auprès du leur, et la considération nationale s'en ressent : tout ce que j'ai appris jusques à ce moment des opérations de la nouvelle compagnie, et de la conduite de ses employés, n'est guères propre à l'augmenter. Il est fâcheux à tous égards que le vaisseau *la Reine* ait manqué son voyage, et que M. de Montigny, le principal agent, ne soit pas en Chine. Je tâcherai, s'il est possible, de faire renaître cette considération, que les événements dont M. Vieillard vous a sans doute rendu compte ne peuvent manquer de lui avoir fait perdre.

Je tiens de ce vice-consul que le bruit public est que les Anglais doivent envoyer l'année prochaine un ambassadeur à Pekin. C'est, je crois, la seule manière de faire parvenir à l'empereur tous les sujets de plainte que l'on a à former contre ceux de ses sujets avec qui les Européens ont à traiter.

P. S.

C'est M. de S^t. Aignan qui a fait la carte cy-jointe; il y a travaillé avec une assiduité et une intelligence qui méritent infiniment d'éloges; je ne dois pas laisser échapper cette occasion de vous rendre de ce jeune homme les comptes les plus avantageux; c'est véritablement un sujet dont les excellentes qualités ne laissent rien à désirer; je lui ai reproché un peu d'inapplication dans le commencement de la campagne; mais depuis bien lontems il est entièrement livré à l'étude de tout ce qui est relatif à son métier. M. Esmangard travaille également à cette même carte; lui et M. de S^t. Aignan ont pris les vues des différentes cotes et isles que nous avons parcourues, et j'aurai l'honneur de vous les adresser avec la seconde partie de la carte : je dois encore saisir cette occasion de vous faire les rapports les plus favorables de M. Esmangard, et vous renouveller tout ce que j'ai eu l'honneur de vous mander d'avantageux sur le compte du détachement des gardes de la marine, et particulièrement sur M. de Rossel, qui en est le commandant.

J'ai l'honneur d'être, &a.

ENTRECASTEAUX.

II

9 février 1787 [1].

Cejourd'hui neuf février 1787, nous soussignés, à la requête de M. le Ch^{er} d'ENTRECASTEAUX, avons statué que pour parvenir à remplir l'objet de

---

[1] Archives du Département des Affaires étrangères : *Indes Orientales, Chine, Cochinchine*, vol. V, pièce 9.

la mission dont il est chargé de présenter au gouvernement de Canton les représentations consignées dans la lettre qu'il a adressée au Tsomptou de Canton sous la datte du 12. fev^er 1787, il fallait aller mouiller à la tour du Lion et manifester à cette époque le sujet de sa mission. Monter à Canton et intimer au nommé Panqueyua chef du Co-hang que M^r. le Ch^er. d'Entrecasteaux a ordre de la part de l'Empereur de France de faire les représentations consignées dans sa lettre, que l'intention de l'Empereur est que cette lettre parvienne à son adresse, qu'elle soit traduite fidèlement et que le Tsomptou y fasse reponse définitive; à cet effet requere M. le Ch^er. d'Entrecasteaux que le ministere des Interprètes soit rejeté comme gens ignorans la langue française et la vraie langue chinoise, demande que Mr de Gramont versé dans les deux langues soit ordonné pour Interprete, que sa traduction soit écrite à mi-marge signée de lui fidele et transcrite par quatriplicata pour justiffier dans tous les cas que les intentions de paix et de justice de S. M. l'Empereur de France ont été exécutées avec toute la bonne foi et la fidélité que M. le Ch^er. d'Entrecasteaux Commissaire de S. M. l'Empereur de France a droit d'attendre d'une personne qui est née son sujet, et qui s'est rendue à la Cour de Pekin avec l'agrément de son Prince pour contribuer aux progrès des arts et des sciences à la Chine.

M^r. d'Entrecasteaux doit représenter que la saison étant avancée il a peu de tems à rester à la Chine, — conséquemment qu'il demande une réponse prompte et définitive pour pouvoir profiter de la voie de la frégate sous ses ordres qui est destinée à porter à la Cour de France la réponse du vice-Roi.

Il demandera qu'il lui soit fourni des vivres le plus promptement possible et sur le même pied que les autres nations européennes sont fournies par les Chinois.

Finalement dans le cas où la réponse ne se ferait pas à la lettre de M. le Ch^er. d'Entrecasteaux, il doit protester contre le silence des Chinois, en prendre acte signé de l'État-major des deux v^aux. sous ses ordres, intimer ce protêt aux hanistes notament au S^r. Panqueyua, écrire une seconde lettre au Tsomptou pour lui annoncer son départ, et notifier à ce Vice Roi que la saison prochaine S. M. l'Empereur enverra d'autres v^aux. prendre la reponse aux deux lettres que son commissaire a ecrites au Tsomptou et qu'il espère que six mois de reflexion seront suffisans pour faire sortir tout leur effet aux representations consignées dans ses deux lettres, et que s'il en étoit autrement, S. M. l'Empereur de France ne pourrait s'empêcher de prendre le silence du Tsomptou pour un déni de justice formel et que le Tsomptou se rendrait personellement responsable des consequences qu'il pourrait entraîner.

Vieillard,	Bourgogne,
De Guignes.	Haumont.

III

A bord de la *Résolution*, le 12 fév^{er} 1787, Vice-Roy de Canton [1].

MONSIEUR ,

J'ai l'honneur de prévenir Votre Excellence de mon arrivée à l'entrée de la Rivière du Tigre, avec deux des vaisseaux de l'Escadre dont Sa Majesté l'Empereur de France m'a confié le commandement, et qu'elle entretient dans les mers de l'Inde.

L'intention de l'Empereur mon maître est que son Pavillon paroisse dans tous les lieux ou s'étend le commerce de ses sujets, pour faire connoitre aux Princes chez qui ils sont admis le désir sincère qu'a Sa Majesté d'entretenir la bonne intelligence qui règne entr'elle et eux, et prouver en même tems a toutes les nations la ferme resolution où elle est d'accorder à ce même commerce la protection la plus efficace dans toutes les parties de la terre.

Dans la vue de prévenir les abus qu'une liberté trop indéfinie dans le commerce pourroit occasionner, Sa Majesté a jugé ne devoir pas permettre à tous ses sujets indistinctement de faire celui de la Chine, et elle l'a confié exclusivement à une compagnie nouvelle dont la considération écartera tout soupçon de mauvaise foy. Sa Majesté, assurée de trouver les mêmes principes d'équité dans tous les États où ses sujets sont établis, et plus encore dans l'Empire de la Chine si renommée par la sagesse de ses loix, ne doute pas que ceux de ses sujets qui ont fait jusqu'à présent le commerce, n'obtiennent sans difficulté la liquidation de leurs dettes respectives avec les Chinois. Rien ne paroissant plus juste, je pense n'avoir qu'à en faire la proposition à Votre Excellence pour être assuré qu'elle voudra bien l'ordonner de la part des Chinois, comme je la ferai exécuter de la part des Français. J'espère également que Votre Excellence voudra bien me fixer un jour pour avoir l'honneur d'aller lui rendre mes devoirs et la remercier de la justice qu'elle aura fait rendre aux sujets de l'Empereur mon maître. Je sais que je n'ai qu'à invoquer auprès de Votre Excellence les principes d'équité ; auprès de tout autre, je n'aurois pas manqué de faire observer que la même liquidation que je sollicite ayant été accordée aux sujets de Sa Majesté Britannique, et à ceux de la Compagnie de Hollande, l'Empereur de France a droit d'attendre que ses sujets ne soient pas traités d'une manière moins favorable, mais une pareille considération est superflue, et

[1] Archives du Département des Affaires étrangères : *Indes Orientales, Chine, Cochinchine*, vol. V, pièce 10.

n'a pas besoin d'être mise en avant dans un Empire aussi sagement gouverné que celui de Chine.

J'ai l'honneur de vous renouveller, Monsieur, l'assurance de mon empressement à aller vous faire ma Cour, et celle de la haute considération avec laquelle j'ai l'honneur d'etre

De Votre Excellence, Le très-humble &a.

Signé : Le Ch^{er}. d'ENTRECASTEAUX,
Commandant les forces navales de l'Empereur de France dans les mers d'Asie.

9 782013 445382